정신과 의사가
알려주는
말하기 수업

SEISHINKAI GAYATTEIRU KIKIKATA·HANAASHIKA by Yusuke Masuda
Copyright © Yusuke Masuda, 2022
All rights reserved.
Original Japanese edition published by FOREST Publishing Co., Ltd.
Korean translation copyright © 2025 by Innerbook
This Korean edition published by arrangement with FOREST Publishing Co., Ltd.,
Tokoy, through Office Sakai and BC Agency.

이 책의 한국어판 저작권은 BC에이전시를 통해
저작권자와 독점 계약을 맺은 이너북에 있습니다.
저작권법에 의해 한국 내에서 보호를 받는 저작물이므로 무단전재와 복제를 금합니다.

마스다 유스케 지음 | 이용택 옮김

말하는 대로 술술 풀리는 대화의 심리

정신과 의사가 알려주는 말하기 수업

이너북
INNERBOOK

머리말

정신과 의사의 대화 기술은
소통 능력을 높이고 삶의 질을 향상시킨다!

반갑습니다.

'와세다 멘털 클리닉' 원장 마스다 유스케라고 합니다. 평소에는 진료에 매진하다가 진료 시간이 끝나면 동영상을 촬영해서 유튜브에 올리는 사람입니다.

이 책은 정신의학을 바탕으로 직장에서, 가정에서, 사회에서 활용할 수 있는 대화 기술을 정리한 책입니다.

정신과 임상은 다양한 사람들과 마음으로 소통하는 게 기본입니다. 정신과 의사는 가족과도 소통하기 힘들어하는 환자와 소통해야 하는데, 이때 전문적인 대화 기술이 필요합니다. 이 책에서는 제가 정신과 의사로서 활용하는 대화의 기술을 공개했습니다.

이 책에서 소개하는 대화 기술은 직장 업무에서나 일상생활에서도 도움이 될 것입니다. 그 이유는 비즈니스 현장에서 높은 의사소통 능력이 요구되고 있기 때문입니다. 이러한 대화 기술에 관해서는 많은 사람이 잘 모르기 때문에, 먼저 적극적으로 활용하면 남들보다 앞서 우위를 점할 수 있을 것입니다.

이 책을 읽어 보면 '일반적인 비즈니스 대화법 책과 다르다'고 느낄 것입니다. 하지만 이 책에서 소개하는 대화 기술의 효과에는 자신이 있습니다. 모쪼록 끝까지 책을 읽어보며 업무와 일상생활에서 순조롭게 대화하는 데 도움이 되었으면 좋겠습니다.

마스다 유스케

▶ @masudatherapy

차례

머리말
정신과 의사의 대화 기술은
소통 능력을 높이고 삶의 질을 향상시킨다! 004

정신과 의사의 대화 기술은
모두 내 편으로 만들어 준다

정신과 의사의 대화 기술은 왜 일과 삶에 도움이 되는가? 013
❶ 인간은 사회적 동물이기 때문에 대화 능력이 높아야 유리하다 015
❷ 대화 능력은 재능이 아니라 '기술'이다 019
❸ 정신과 의사도 환자들과 대화할 때 '기술'을 사용한다 023
❹ 정신과 의사의 대화 기술은 인생을 내 편으로 만든다 026
01 앞으로는 '신뢰받는 사람'이 성공한다 030
조금 더 알아보아요! 032

제1장

대화의 성공과 실패는 '준비'에 달려 있다

02 정신과 치료와 대화의 공통점	037
03 대화하기 전에 목표를 설정해야 한다	039
column 정신과 의사의 대화 목표	045
04 대화하기 전에 신뢰를 얻어야 대화가 잘 이루어진다	049
column 정신과 의사가 환자에게 신뢰받기 위해 유념해야 하는 것	054
05 모든 업종에서 사전 정보 공개가 중요하다	056
06 대화의 스토리 전개를 미리 정해둔다	058
07 시간과 장소가 대화에 끼치는 영향	067
column 정신과 의사는 왜 환자에게 영향을 받지 않을까?	070

대화하기 전에 자신의 성격과 특징을 이해한다

08 대화하기 전에 스스로 어떤 사람인지 파악하자	075
09 누구든지 '가족의 영향'에서 벗어날 수 없다	077
10 현재 주변 환경에서 어떤 영향을 받고 있는가?	081
11 인생의 각 시기와 세대의 영향	083
12 대화에 나타나는 '자아', '초자아', '리비도'	086
13 대화하기 전에 자신의 '경향'을 분석한다	088
column 자신의 '자아', '초자아', '리비도'를 파악하자	095
14 우리는 인간관계를 무의식적으로 가공한다	093
15 상대방이 어떤 사람인지 미리 파악한다	098
column 자기애성 인격장애를 지닌 사람과 만난다면?	100

대화는 어떻게 듣느냐에 따라 모든 것이 결정된다

16 대화의 주인공은 내가 아니다	107
column 정신과 의사는 환자를 어떻게 존중하는가?	109
17 인간은 '듣기'보다 '말하기'를 좋아하는 동물	111
18 상대방은 이미 많은 정보를 가지고 있다	113
19 어떤 태도로 이야기를 들어야 하는가?	116
20 6가지 요점에 충족될 때가 바로 말할 타이밍!	119
column 정신과 의사는 '듣기'와 '말하기'를 어떻게 훈련하는가?	135

정신과 의사가 실천하는, 모두 내 편으로 만드는 대화의 기술

21 정신과 의사는 대화로 수술한다	141
22 성별에 따라 대화도 바뀌어야 한다	143
23 자신의 '지금 상태'를 냉정하게 파악한다	147
column 영유아와 정신과 환자의 공통점	149
24 전문 용어나 어려운 말은 절대 사용하지 않는다	151
25 상대방의 뇌 처리 속도와 작업 기억 용량에 맞춘다	154
26 상대의 말을 재구성하면서 이야기한다	159
27 부정적인 말을 긍정적으로 바꿔서 되돌려준다	162
column 정신과 의사의 말을 긍정적으로 바꾸는 기술	166
column '있는 그대로' 받아들인다	168
28 상대방에게 새로운 관점을 보여주는 대화 기술 3가지	169
column 정신과 의사는 어떻게 메타인지를 익히는가?	173
29 본론에 들어가기에 앞서 '잡담'을 한다	177
30 문제 대부분 정답이 존재한다	180
31 목표를 앞두고 일부러 대화를 중단한다	183
32 소크라테스의 방법론으로 상대방에게 깨우침을 준다	185
column 상대방을 몰아붙이지 않고 깨달음을 불러일으키려면?	188

맺음말
모든 관계는 말에서 시작된다!   192

옮긴이의 글
정신과 의사의 대화법은 인생을 살아가는 데 필요한 무기   194

- 이 책의 주석 중 미주는 옮긴이 주, 각주는 편집자 주입니다.
- 독자의 이해를 돕기 위해 이너북 편집팀에서 찾아 정리한 내용이 있습니다. 32~33쪽의 〈조금 더 알아보아요!〉

서장

정신과 의사의
대화 기술은 모두
내 편으로 만들어준다

정신과 의사의 대화 기술은
왜 일과 삶에 도움이 되는가?

정신과 의사의 대화 기술을 익히는 것이 왜 일과 삶에 도움이 되는지 설명할 수 있는 사람은 많지 않을 것입니다.

시중에는 대화법 책들이 넘쳐나지만, 확실한 근거 없이 주관적인 생각만으로 쓰여 있거나, 심리학적인 근거를 들더라도 그 데이터가 너무 낡고 실험 배경이 무시되는 등 대체로 과학적이라고 말하기 어려운 내용이 많습니다.

저도 이 책의 기획을 제안받기 전까지는 우리 정신과 의사의 대화 기술과 지식이 직장인에게 도움이 될 것이라고는 생각하지 못했습니다. 하지만 편집자의 기획 의도를 듣고 논의를 거듭하면서 정신과 의사의 대화 기술이 일반인들에게도 확실히 도움이 되며, 그런 만큼 널리 알려야 한다는 사실을 깨달을 수 있었습니다.

'정신과 의사의 대화 기술을 익히면 일과 삶에 도움이 된다'는 논리를 간단히 설명하면 다음과 같습니다.

① 인간은 사회적 동물이기 때문에 대화 능력이 높아야 유리하다.
② 대화 능력은 재능이 아니라 '기술'이다.
③ 정신과 의사도 환자들과 대화할 때 '기술'을 사용한다.
④ '정신과 의사의 대화 기술'은 인생을 내 편으로 만든다.

이 네 가지 사항을 순서대로 설명하겠습니다.

❶ 인간은 사회적 동물이기 때문에 대화 능력이 높아야 유리하다

당신은 하루 동안 대화하는 데 얼마큼의 시간을 소비하고 있습니까?

일본 국립국어연구소의 조사에 따르면, 하루 평균 대화 건수는 12.7건, 하루 평균 대화 시간은 6.2시간이라고 합니다. 즉 24시간에서 수면 시간(6~8시간)을 제외하고, 깨어 있는 시간의 3분의 1 정도를 우리는 대화에 소비하고 있는 셈입니다.

왜 인간은 매일 대화를 할까요?

그것은 우리 인간이 혼자서 생활하는 동물이 아니라, 공적인 자리에서나 사적인 자리에서나 다른 사람들과 끊임없이 교류하며 살아가는 존재이기 때문입니다. 아무리 혼자 지내는 것을 좋아하는 사람이라도 마찬가지입니다. 어떤 사람이든 '사회적 동물'이라는 전제에서 벗어날 수 없습니다.

다른 사람들과 관계를 구축하거나 유지하려면 서로 간의 접점이 필요합니다. 그 접점이 바로 '대화'입니다. 그래서 사회적 동물인 인간은 하루의 3분의 1 가까운 시간을 남들과 접점을 만드는 데, 즉 대화를 나누는 데 쓰고 있는 것입니다.

그런데 당신은 누군가와 대화하면서 '이 사람은 말솜씨가 뛰어나구나!'라고 감탄한 적은 없습니까? 일반적으로 그런 사람은 '의사소통 능력이 뛰어난 사람'이라고 평가받습니다.

인간이 사회적 동물인 이상, 의사소통 능력이 높다는 것은 커다란 장점이 됩니다. 대화를 잘하는 사람은 일할 때는 물론이고 일상생활에서도 남들보다 우위에 설 수 있습니다.

아무리 학력이 높은 사람이라도 대화가 서툴면 사회적으로 성공하기 어렵다고 알려져 있습니다. 반대로 평범한 학력을 지닌 사람이라도 대화 기술이 뛰어나면 일류 대학 출신을 제치고 출세하는 경우도 드물지 않습니다. 또한 방송 프로그램 진행자나 인기 연예인 등 학력보다는 대화 기술이 높기 때문에 그 자리를 차지하고 있는 것입니다.

업무 외에도 높은 대화 기술은 이성의 마음을 사로잡는

인간은 사회적 동물이기 때문에 대화 능력이 높아야 유리하다

수탉은 몸집이 커야 우두머리가 될 수 있다.

수컷 공작새는 날개가 아름다워야 유리하다.

인간은 대화 기술이 뛰어나고 커뮤니케이션 능력이 높아야 우수하다고 평가받는다.

(물리적인 힘이나 외모는 어렸을 때만 높이 평가받는다.)

강력한 무기가 되기도 합니다. 특히 남성의 경우에는 말솜씨가 좋다는 이유로 여성에게 인기 높은 사람이 많습니다.

이처럼 사회적 동물인 인간은 말하기 능력의 높고 낮음에 따라 그 사람의 평가가 달라집니다.

❷
대화 능력은 재능이 아니라 '기술'이다

당신은 말솜씨가 뛰어난 사람을 보면서 열등감을 조금이라도 느낀 적이 있습니까? 아마도 많은 사람이 '있다'고 고개를 끄덕일 것입니다. 자신의 서툰 말솜씨에 좌절을 느낄 수도 있습니다.

많은 사람이 대화를 잘하는 사람을 보고 자신과는 타고난 재능이 다르다고 생각합니다. 하지만 그 생각은 틀렸습니다.

예를 들어, 유명 배우는 무대에 오르기 전에 무대 뒤에서 대사를 철저히 암기합니다. 또한 실적이 우수한 영업 사원도 고객과 만나서 나눌 이야기들을 평소에 완벽히 시뮬레이션합니다. 이처럼 능숙한 말솜씨는 타고난 재능보다는 빈틈없

대화 능력은 재능이 아니라 '기술'이다

는 훈련으로 만들어지는 것입니다. 누구나 훈련만 쌓으면 대화의 기술을 높일 수 있다는 뜻입니다.

'대화는 기술이다.'라는 말에 거부감을 느끼는 사람도 많을 것입니다. 대화는 서로의 진심을 기반으로 자연스럽게 이루어져야 한다고 믿는 사람이 대부분일 것입니다. '기술'을 사용해 대화하면 부자연스러워지고 상대방에 대한 신뢰도 해치지 않을까 불안해 하는 사람도 적지 않을 것입니다.

하지만 자연스럽게 말하기 위해 오히려 준비나 연습이 필요하다고 생각합니다. 야구 선수가 자연스럽게 방망이를 휘두를 수 있는 것은 수없는 반복 훈련을 쌓았기 때문입니다. 방망이를 휘두르는 동작이 어색하다는 것은 훈련이 부족해 기술이 몸에 배지 않았다는 증거이기도 합니다.

인간에게는 진심을 숨기는 힘도 있고, 거짓을 간파하는 힘도 있습니다. 제가 말하는 대화 기술은 거짓을 진실처럼 말하거나 사실보다 지나치게 과장해서 말하는 연기 기술이 아닙니다. 진정한 대화 기술은 상대방의 본심을 파악하고 자신의 인간적인 면모를 상대방에게 오해 없이 전달하는 기술입니다.

저에게 정신과 치료를 받으러 오는 환자 중에는 자신의 내면을 좀처럼 드러내지 않으려는 사람도 많습니다. 하지만 정신과 의사로서 갖춘 대화 기술을 활용해서 이야기를 나누다 보면 환자의 마음의 문이 조금씩 열리는 것을 느낄 수 있습니다. 그렇게 서서히 환자의 내면에 다가갈 수 있습니다.

당신도 정신과 의사가 활용하는 대화 기술을 익혀보기를 바랍니다.

❸ 정신과 의사도 환자들과 대화할 때 '기술'을 사용한다

우리 정신과 의사도 인기 연예인이나 우수한 영업 사원처럼 대화 기술을 날마다 배우고 훈련합니다. 의외라고 생각하는 사람도 많을 것입니다. 의대에서는 신체, 질병, 약에 관한 공부만 할 뿐 소통의 기법까지는 공부하지 않는다고 생각하는 사람들이 대부분일 테니까요. 임상심리사나 간호사가 소통의 기법을 배우는 모습은 쉽게 상상할 수 있지만, 의사가 대화 기술을 배운다는 것은 상상하기 힘듭니다.

하지만 요즘에는 의대에서도 '환자와의 소통법'을 일반적으로 교육합니다. 정신과 의사뿐만 아니라 내과, 외과, 소아청소년과 등 모든 진료과의 의사가 '환자와의 소통법'을 배

웁니다. 최신 의료 기술이 아무리 발달하더라도 의사와 환자 사이의 대화는 가장 중요한 진단 도구이기 때문입니다.

또한 치료 효과 면에서도 의사와 환자 사이의 대화가 큰 영향을 미칩니다. 환자가 의사를 신뢰하면 치료 효과가 높아진다는 사실이 과학적으로 밝혀진 바 있습니다. 그렇기 때문에 의사의 입장에서는 대화를 통해 환자와 신뢰 관계를 구축하는 것이 중요합니다.

특히 정신과 의사는 내면에 트라우마를 지니고 있는 환자들을 진료하는 경우가 많기 때문에 일반 의사보다 더 섬세한 소통 기술이 요구됩니다. 평범한 대화법으로는 환자들이 마음을 열고 치료받도록 할 수 없습니다. 하지만 정신과 의사의 대화 기술이라면 그것이 가능합니다.

정신의학은 뇌과학, 사회학, 철학, 심리학 등 여러 학문이 융합해서 인간의 마음을 파악하는 최첨단 실용 학문입니다. 그리고 정신과 의사는 타고난 '재능'이 아니라 ==환자에게 신뢰받기 위한 '기술'을 활용해서 환자와 대화합니다.==

당신도 정신과 의사의 대화 기술을 익히면 남들에게 신뢰받는 사람이 될 수 있습니다.

❹
'정신과 의사의 대화 기술'은 인생을 내 편으로 만든다

대화 기술을 익히기에 앞서 먼저 확실히 알아두어야 할 것은 '대화를 잘한다'고 여겨지는 사람의 두 가지 유형입니다.

A. 상대방을 이용하는 방향으로 대화 능력을 활용하는 사람

자신 위주로 생각하고 상대방을 이용하면서 대화를 나누는 사람이다. 결과를 위해서라면 남을 속이기도 한다. 그래서 단기간에 성과를 거두는 경우가 많다.

B. 상대방을 배려하는 방향으로 대화 능력을 활용하는 사람

상대방 위주로 대화를 나누는 사람이다. 배려심이 많기 때문에 상대방으로부터 신뢰를 받는다. 다만 자신을 전면적으로 드러내지 않기 때문에 성과를 거두는 데 시간이 걸린다.

   사실 예전에는 A유형의 사람이 B유형의 사람보다 높이 평가받는 경향이 있었습니다. 단기간에 성과를 거두는 모습만 겉으로 드러날 뿐, 그 성과를 거두기 위해 상대방을 이용하거나 불쾌하게 만드는 모습은 세상에 알려지지 않았기 때문입니다.
   반면에 B유형의 사람은 A유형의 사람보다 성과를 얻는 게 더디기 때문에 좀처럼 높은 평가를 받기가 어려웠습니다.
   그러나 시대는 완전히 달라졌습니다. 요즘 시대에는 상대방을 속이거나 불쾌하게 만들면서 이득을 보려는 사람은 반드시 도태하고 맙니다. 그 가장 큰 요인은 SNS의 보급입니다.
   예전에는 A유형의 사람에게 이용당해서 피해를 입었더라도 주변 사람들에게 불만을 토로하는 데 그칠 뿐 소문을 퍼뜨리기 힘들었습니다. 그런데 지금은 SNS에서 눈 깜짝할 사이에 소문이 퍼집니다. 게다가 일단 SNS에 퍼진 소문은 온라인상에 영원히 남아 중장기적으로도 확산됩니다.
   예를 들어, 어떤 영업 사원이 강매에 가까울 만큼 끈질기게 물품 구입을 종용한다면 그에 대한 소비자 불만이 SNS에

신뢰할 수 있는 사람
(예전과 요즘)

확산되고 그 회사의 이미지는 크게 떨어집니다. 한번 SNS에 유포된 나쁜 소문은 잠깐 가라앉더라도 나중에 어떤 계기가 생기면 언제든지 다시 파헤쳐지고 확산될 수 있습니다.

또한 A유형의 사람 주변에는 서로가 서로를 이용해먹으려는 사람들만 유유상종으로 모여듭니다. 하지만 상대방을 배려하는 방향으로 대화 능력을 활용하는 B유형의 사람은 SNS상에서 '좋은 사람'이라는 평판이 퍼지면서 칭찬을 받습니다. 당연히 B유형의 사람 주변에는 배려심이 많은 사람만 모여듭니다. 결과적으로 B유형의 사람은 느리지만 꾸준히 평판이 올라가고 장래에 커다란 성과도 거둘 수 있습니다.

SNS가 보급되어 모든 것이 드러날 수 있는 요즘 시대에는 거짓된 대화를 통해 상대방을 이용하여 성공하는 사람은 더 이상 출현할 수 없습니다. 앞으로는 좋은 인품과 진정한 대화 능력을 지닌 사람만이 살아남을 것입니다.

01
앞으로는 '신뢰받는 사람'이 성공한다

시중에 넘쳐나는 대화법 책들은 대체로 '자기 뜻대로 상대방의 마음을 움직이는 수법'에 관해 설명하는 경우가 많습니다. 이것은 '상대방을 이용하는 방향으로 대화 능력을 활용하는' A유형과 같은 맥락입니다. 하지만 앞에서 말했듯이 더 이상 그런 대화 기술은 통용되지 않습니다.

당신이 익혀야 할 대화 기술은 이 책에서 소개하는 '정신과 의사의 대화 기술'입니다. 당신이 정신과 의사처럼 대화한다면 많은 사람에게서 신뢰를 얻어낼 수도 있고, 상대방의 불안이나 걱정거리를 덜어줄 수도 있습니다. 그러면 많은 사람들로부터 감사를 받고 행복감을 느끼게 됩니다. 직장에서도 신뢰를 받게 된다면 당연히 업무에도 유리하게 작용합니다. 이것은 눈앞의 이익이나 결과만을 추구하는 대화법으로는 불가능한 일입니다.

저는 많은 사람이 '정신과 의사의 대화 기술'을 익혀서 더욱 행복한 삶을 살았으면 좋겠습니다.

조금 더 알아보아요!

일본 내 하루 평균 대화 건수 및 대화 시간이 통계로 나와 있어, 한국 내 평균 대화 시간을 통계청에서 찾아보았으나 알 수 없었습니다. 대신 다음의 통계를 이너북 편집팀에서 찾았습니다.

- 부부 대화 시간 하루 평균 1시간 30분
- 청소년 60%, 가족과 대화 하루 평균 1시간 미만

2022년 여성가족부에서 실시한 〈가족실태조사〉와 〈청소년종합실태조사〉를 통해 부부 대화 시간은 하루 평균 1시간 30분, 자녀와 부모와의 대화는 하루 평균 1시간 미만으로 확인됐습니다. 구간별로 살펴보면 '1시간 이상~2시간 미만(31%)', '30분 이상~1시간 미만(28%)', '2시간 이상~3시간 미만(17.7%)' 순이었고, 하루 대화 시간이 30분 미만인 사람들도 13.7%나 됐습니다.
배우자와의 대화를 어렵게 하는 요인 역시 남녀 모두 '대화 방식의 차이(27.3% 34.7%)'를 꼽았습니다.
청소년 60%가 가족과 하루 평균 1시간 미만 대화하고 있으며, 가족과 함께 저녁 식사를 하는 빈도가 높은 청소년일수록 가족과의 정서적 교감이 높다는 조사 결과가 있었습니다. 주 3~4회 가족과 함께 저녁을 먹는 청소년 가운데 '부모님과 대화가 잘 통한다'고 답한 비율은 47%였으며, 주 1~2회의 경우도 42%였습니다. 일주일 내내 따로 식사하는 청소년 중 부모님과 대화가 잘 통한다고 생각하는 응답자는 32%로 나타났습니다.

• 직장인 업무할 때 얼굴 보고 대화 나눈 상대는 평균 5명 미만

하루 중 많은 시간을 보내는 직장에서 얼굴을 마주 보고 대화를 나눈 상대가 5명 미만이라고 한 응답자가 50.5%로 가장 많았습니다. 5명 이상 10명 미만 35.1%, 10명 이상 20명 미만 11%, 20명 이상 30명 미만 2.7% 순으로 나타났습니다.

• 메타버스 채팅 '오픈타운', 하루 평균 1시간
• 전 세계 인구 60% 이상, 하루 평균 2시간 30분 SNS 이용

전 세계 SNS 사용자는 인구의 60.6%에 해당하는 48억 8천만 명이며, 하루 평균 2시간 26분 동안 SNS를 사용하는 것으로 나타났습니다.
하루 평균 이용 시간은 하루에 7~8시간 잠을 잔다고 가정할 때, 깨어 있는 시간의 약 15%를 소셜 미디어를 사용하는 것입니다.

제1장

대화의 성공과 실패는 '준비'에 달려 있다

02
정신과 치료와 대화의 공통점

　정신과 의사가 환자와 만날 때는 미리 다양한 준비를 합니다.

　진료는 연극과 비슷합니다. 왜냐하면 대화라는 스토리가 환자의 마음을 '불안'에서 '안심'이라는 결말로 이끌기 때문입니다. 단 한 번의 진찰에서 환자는 불안이 사그라지며 자그마한 카타르시스를 경험합니다. 그와 동시에 새로운 전개와 위기를 맞이하고, 위기를 잘 수습하면서 회복과 치유로 마무리합니다. 연극을 무대에 올리기 전에 준비가 필요하듯이, 정신과 치료를 할 때도 이처럼 준비가 필요합니다.

　이것은 당신의 평소 대화에서도 마찬가지입니다. '대화를 잘해서 상대방에게 좋은 인상을 주고 싶다'는 대화의 목적이 있다면 아무 준비도 하지 않는 것보다 미리 준비를 하고 대화에 임하는 편이 분명히 좋은 결말을 맞이할 것입니다.

당신은 대화할 때 미리 준비를 잘하고 있습니까? "어제는 뭐 했어?", "요즘 어떻게 지내?" 같은 가벼운 대화라면 물론 따로 준비할 필요는 없습니다.

하지만 당신이 그 대화를 통해 이루어야 할 의도나 목표가 있다면 준비는 필수입니다. 미리 준비하지 않으면 대화는 어느샌가 당신이 예기치 못한 방향으로 흘러가 버리기 때문입니다.

03
대화 전에 목표를
설정해야 한다

그럼 어떤 준비를 하면 될까요?

먼저 **목표를 명확히 설정**해야 합니다. 대화를 통해 이루고자 하는 바를 구체적으로 그려보는 것입니다. 목표가 확실하면 대화가 의도하지 않은 방향으로 진행될 때 궤도 수정을 쉽게 할 수 있습니다.

목표를 설정할 때는 내용을 최대한 구체적으로 그리는 것이 핵심입니다. 정신과 치료에서 예를 들면, 거식증 환자의 치료 목표를 '병을 고치는 것'으로 설정해버리면 너무 추상적이어서 구체적인 치료법이 보이지 않습니다. 환자 입장에서도 무엇을 해야 할지 알 수 없습니다. 조금 더 명확하게

'적절한 체중으로 되돌리는 것'이라는 구체적인 목표를 정해야 합니다.

직장인의 예를 생각해봅시다. 만약 당신이 자동차 딜러라면 업무의 목표를 두루뭉술하게 '자동차 판매하기'로 설정해서는 안 됩니다. 구체적인 수치를 넣어서 '30만 엔 이상의 이익을 내기'로 설정한다면 조금 더 좋은 결과가 나올 것입니다.

'자동차 판매하기'라는 단순한 목표로는 상대방의 페이스에 쉽게 말려들고 맙니다.

〈나쁜 예〉 목표가 애매한 경우

😀 **고객** 이 자동차 사고 싶은데요.

🙂 **당신(딜러)** 이 차는 올해 발매된 신형 모델입니다. 엄청 잘 팔려요.

😀 **고객** 네. 가능하면 30만 엔 정도 할인받고 싶은데요.

🙂 **당신** (그럼 이익이 안 나는데……. 하지만 요즘에 실적이 신통치 않으니까……, 근데 지금은 행사 기간도 아니고…….) 이건 신제품이라서 그렇게까지 할인해드리기 힘듭니다.

😀 **고객** 그럼 20만 엔 할인은 어떠세요?

🙂 **당신** 좀 어렵겠습니다.

😊 **고객** 그럼 15만 엔 할인으로 부탁드려요. 그 정도 할인해주시면 제가 바로 살게요.

🙂 **당신** 아, 알겠습니다. 어쩔 수 없군요. 15만 엔 할인해드리겠습니다.

이처럼 마음속으로 목표를 확실히 정해두지 않으면 상대방에게 유리한 결과로 끌려갈 위험성이 있습니다. 자동차 딜러가 '요즘에 실적이 신통치 않으니까……'라고 마음속으로 중얼거리는 순간, 약삭빠른 고객은 그 약점을 간파하고 공략합니다.

〈좋은 예〉 목표가 명확한 경우

😊 **고객** 이 자동차 사고 싶은데요.

🙂 **당신(딜러)** 이 차는 올해 발매된 신형 모델입니다. 엄청나게 잘 팔려요.

😊 **고객** 네. 가능하면 30만 엔 정도 할인받고 싶은데요.

🙂 **당신** 대단히 죄송합니다. 우리 회사 방침상 이 신형 모델은 할인해드리지 않습니다. 그래도 지금 구입하시면 신차에 기름을 가득 채워드리는 서비스 같은 여러 가지 이벤트를 실시하고 있으니, 이번 기회에 꼭

구입하시기 바랍니다.

🙂 **고객** 이 차 잘 팔리는 거 맞죠?

🙂 **당신** 지금 우리 회사에 딱 한 대 남았습니다. 다음 입고 시기는 미정입니다.

🙂 **고객** 알겠습니다. 이 가격으로 살게요.

자신의 생각보다 우선해야 할 것은 무엇인가?

직장인의 경우 '목표'가 곧 '회사의 미션'인 경우가 많습니다. 앞의 예에서 '30만 엔 이상의 이익을 내기'는 조회 시간에 전달되는 회사의 방침일 수 있습니다.

또 '회사 전체의 비전'인 경우도 자주 있습니다. 예를 들어, 스타벅스에는 '공간을 판다'는 기업의 비전이 있습니다. 이 비전을 '목표'에 확실히 포함시켜야 회사에 불이익을 주는 대화를 피할 수 있습니다.

가령 당신이 스타벅스 직원으로서 점장에게 자신의 아이디어를 제안한다고 합시다.

🙂 **당신(직원)** 이번에 이 원두를 들여와야 한다고 생각합니다.

🙂 **점장** 좀 비싸지 않나?

🙂 **당신** 그래도 맛있는 커피를 원하는 손님이 분명히 증가하

대화에는 목표 설정이 필요하다

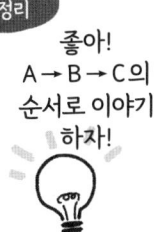

목표가 애매하면   을 할 수 없습니다.

고 있습니다. 우리도 그에 호응해야 한다고 생각합니다.

🙂 **점장** 우리의 비전을 잊었나? 그런 비싼 커피가 늘어나면 '공간을 판다'는 비전에 들일 비용이 줄어들게 돼. 그러면 가장 중요한 '공간의 질'이 떨어지고 말지.

🙂 **당신** 음······.

이렇게 대화를 해서는 여러분의 평가가 뚝 떨어집니다. '아무 생각 없이 말하는 사람'이라는 꼬리표가 달릴 수 있으니 조심해야 합니다.

column
정신과 의사의 대화 목표

정신과 의사는 환자와 무심히 대화하는 것처럼 보여도, 사실 진찰 전에 매번 목표를 설정하고 이야기합니다. 목표는 크게 세 가지입니다.

첫째, '진단이 올바른지 확인하기'입니다. 초진 중에 진단을 내리지만, 재진 이후에 새로운 정보가 더해지면 진단이 달라지는 경우도 흔합니다.

둘째, '약의 적절성과 부작용 확인하기'입니다.

셋째, '환자의 치료에 도움이 되는 조언을 하나 이상하기' 입니다.

의사가 환자에게 조언하는 게 당연하다고 생각하겠지만, 의학적이지 않은 일상 속의 조언을 진료 중에 끼워넣기는 정신과 의사로서도 만만치 않습니다. 이러한 조언은 일종의 상담 효과를 가져다주는데, 저는 제 가치관을 무심코 강요하지 않도록 매우 조심스럽게 조언합니다.

치료상 조언할 때 중요한 세 가지 요소는 **'심신의 균형을 잡기'**, **'좋은 인간관계를 만들고 유지하기'**, **'자기 이해, 타인 이해, 유연한 사고를 심어주기'**입니다.

각 요소를 간단히 설명하겠습니다.

- 심신의 균형을 잡기……'규칙적인 생활을 하는지', '잘못된 건강 정보를 믿지 않는지' 확인한다.
- 좋은 인간관계를 만들고 유지하기……'가족 관계, 교우 관계, 직장 내 인간관계에 문제가 없는지', '문제가 있다면 어떤 고민을 하고 있는지' 경청하고 공감한다.
- 자기 이해, 타인 이해, 유연한 사고를 심어주기……'다양한 관점으로 세상을 바라볼 수 있는지', '고정관념을 깰 수 있는지', '심리학적으로 도움이 되는 지식을 전달할 수 있는지' 등을 고민한다.

저는 이러한 요소들이 환자들과의 대화 속에 자연스럽게 스며들 수 있도록 노력합니다. 예를 들어, 저는 환자와 다음과 같이 대화합니다.

🧑‍⚕️ **의사** 몸 상태는 어떠세요?

🤕 **환자** 그냥 그래요. 변함이 없어요.

🧑‍⚕️ **의사** 약은 괜찮은가요?

🤕 **환자** 네, 부작용도 없어요.

🧑‍⚕️ **의사** 최근에 집이나 직장에서 힘든 일이 있었나요?

🤕 **환자** 특별히 없지만, 남편이 육아를 잘 도와주지 않아서, 저 혼자 집안일이랑 아이 돌보는 일도 전부 도맡아 하다 보니 지쳐요. 맞벌이인데, 왜 힘든 걸 알아주지 않을까요?

🧑‍⚕️ **의사** 힘드시겠네요. 남편분은 무슨 생각일까요?

🤕 **환자** 아무 생각도 없는 것 같은데요? 시아버지도 집안일을 전혀 안 하시던 분이었거든요.

🧑‍⚕️ **의사** 하지만 시어머니는 전업주부셨다고 하지 않으셨나요? 맞벌이 부부라면 집안일을 같이 하는 게 상식일 텐데요.

🤕 **환자** 그렇죠. 그런데 좀처럼 말 꺼내기가 어려워서……

🧑‍⚕️ **의사** '아빠가 육아하는 모습'이 나오는 동영상을 보여

주는 게 어떨까요? 육아를 해야 한다는 인식 자체가 없는 남성도 많거든요. 용기를 내서 '집안일은 함께 하는 것'이라는 인식을 심어주도록 노력해보세요.

🧑 환자 네, 한번 그렇게 말해볼게요.

04
대화하기 전에 신뢰를 얻어야 대화가 잘 이루어진다

상대방과 신뢰 관계가 구축되어 있지 않으면 아무리 말솜씨가 뛰어나도 대화는 잘 이루어지지 않습니다. 대화의 목표가 명확해도 상대방의 신뢰를 얻지 못한다면 목표에 도달할 수 없는 것입니다.

얼마 전까지만 해도 '남들과의 신뢰 관계는 서서히 쌓아가는 것'이라고 여겨졌습니다. 실제로도 대화를 통해 천천히 서로를 이해하고 관계성을 점차 심화시켜갔습니다.

하지만 요즘 시대에는 대화를 나누기 전에 일정 수준의 신뢰를 얻지 못하면 대화가 잘 진행되지 않습니다. 왜냐하면 SNS가 보급되면서 실제로 대면하기 전에 상대방의 됨됨

이를 SNS로 체크하는 시대이기 때문입니다. 많은 사람이 남들과 만나기 전에 SNS를 통해 상대방이 믿을 만한 사람인지 아닌지를 확인한다는 뜻입니다.

결혼상담소 네트워크 '일본결혼상담소연맹'에서 등록 회원 1,875명에게 '사귀고 있는 상대방의 SNS를 체크합니까?'라는 설문 조사를 실시했는데, 남녀 모두 약 30%가 연인의 SNS를 '체크한다'고 대답했습니다(※2021년 조사).

가끔 SNS를 전혀 하지 않는다는 사람도 있지만, 요즘 시대에 SNS를 하지 않으면 공적으로나 사적으로나 신뢰를 얻기 어려운 상황입니다.

저는 현재 유튜브에서 '정신과 의사가 마음의 병을 설명하는 Ch'를 운영하며 정기적으로 동영상을 올리고 있습니다. 그 목적 중 하나가 바로 '신뢰 관계 구축'입니다. 우리 의원에 처음 방문하는 환자의 대부분은 제 유튜브를 보고 나서 진찰을 받으러 옵니다.

신뢰 관계는 기본적으로 단순 접촉 횟수가 늘어날수록 높아지는 경향이 있습니다(단순 노출 효과). 그리고 이 접촉 횟수에는 유튜브, SNS, 이메일 등으로 소통하는 '가상 대화'도 포함됩니다.

의원에 처음 방문하는 환자들은 대부분 저를 대면하면

"처음 뵙는 것 같지 않아요."라고 말합니다. 유튜브를 통해 저와의 접촉 횟수가 충분히 많았기 때문에 이런 말이 무심코 튀어나오는 것입니다. 진료하기 전에 이미 환자의 신뢰를 어느 정도 얻었다고 할 수 있습니다. 이것은 진단을 내리고 치료하는 데 큰 장점으로 작용합니다.

당신도 SNS로 이어져 있는 친구와 몇 년 만에 실제로 만났을 때, 평소에 SNS로 그 친구의 활동을 지켜보고 있었거나 대화를 나누고 있었기 때문에, 오랜만에 만나도 바로 어제 만난 것처럼 느낀 적이 있을 것입니다.

신뢰받기 위해서는 SNS에 무슨 정보를 올려야 할까?

그럼 SNS에 무엇을 올려야 신뢰를 얻을 수 있을까요? 무작정 아무 소식이나 올려서는 소용없습니다. SNS에 정보를 올린다는 '가상의 대화'를 통해 어떤 목표를 이루려고 하는지 먼저 정해야 합니다.

정신과 의사인 저 같은 경우에는 '환자가 저에게 치료받으러 오도록 하는 것'이 하나의 목표입니다. 그래서 우리 의원 홈페이지를 공개하는 데 그치지 않고, 제가 자위대에 입대한 이유와 자위대에서의 생활 등 사적인 이야기도 올리고, '우울증 환자가 알아야 할 사항'이나 '감정과 사고를 분리하는 훈련법' 같은 정신의학 콘텐츠도 거의 날마다 올리고 있습니다. 이러한 정보들은 '저에 대한 신뢰감을 높여서 환자의 치료를 원활하게 만든다'는 목표를 달성하기 위한 것입니다.

페이스북에서는 '직업', '학력', '출신지', '거주지', '자기소개' 등을 기본적으로 공개하게 되어 있습니다. 대화의 목표가 무엇이든 간에 이는 필수적인 자기 공개 항목들입니다. 출신지까지 공개할 필요가 있냐고 반문할 수도 있지만, 저는 공개하는 편이 좋다고 생각합니다. 당신의 프로필을 본 사람이 당신의 출신지에 현재 살고 있다는 사실을 알게 된다면 어떤 기분이 들까요? 분명히 당신에게 친밀감을 느낄 것입니다.

자신(혹은 자신이 소속되어 있는 회사나 조직)의 비전을 올리는 것도 중요합니다. '나는 어떤 생각으로 일상을 보내고 있는가?', '나는 무엇을 좋아하는가?'를 올리면 남들은 당신이 어떤 사람인지 쉽게 이해할 수 있습니다.

다만 상대방의 신뢰를 얻기 힘들 것 같은 내용은 올리면 안 됩니다. 특히 지나치게 사적인 내용을 올리는 데는 주의가 필요합니다. 예를 들어, 가족 상담을 하는 사람이 밤에 유흥가에서 놀고 있는 사진을 올리면 신뢰감을 해칠 수 있습니다. 반대로 휴일에 가족과 화목한 일상을 보내고 있는 사진을 올린다면 많은 사람의 공감을 얻을 수 있을 것입니다.

SNS는 간편한 도구이지만 자신의 게시물을 누구나 제한 없이 볼 수 있다는 단점이 있습니다. 그러므로 SNS에는 확실한 목표를 세우고 면밀히 계획한 정보만을 올려야 합니다.

SNS에 올리는 정보량은 아무리 많아도 상관없습니다. 상대방의 신뢰를 얻는 데 이득이라고 생각하면 자신의 다양한 취향을 모두 올려도 됩니다. 상대방은 그 많은 정보 중에서 본인에게 필요한 내용만을 알아서 찾아내어 열람할 것입니다.

예를 들어, 낚시를 좋아하는 사람이라면 당신의 SNS에서 '오늘 낚시하러 다녀왔습니다!'라는 제목의 게시물을 단숨에 발견하고 당신과의 심리적 거리를 좁힐 것입니다. 그러므로 올리고 싶은 내용이 있다면 망설이지 말고 다 올려도 됩니다.

column
정신과 의사가 환자에게 신뢰받기 위해 유념하는 것

애초에 '신뢰란 무엇인가?'라는 질문에 대답하는 것부터가 어렵습니다. 그 질문에 제 나름의 대답은 '상대방과 똑바로 마주하는 것'입니다.

환자의 대부분은 '남들과 제대로 마주한 경험'이 부족하기 때문에, 제가 제대로 마주하려고 들면 매우 당황하거나 불안해하거나 고통스러워하기도 합니다.

하지만 듣기 좋은 말만 하거나 겉으로만 공감하는 것이 아니라 환자의 성격, 특성, 취향, 하고 싶은 일, 성장 과정, 현재 힘들어하는 일, 삶의 목표 등을 함께 고민하면서 제대로 마주하는 것이 중요합니다.

환자의 대부분은 마음속 깊은 곳의 말을 끄집어낸 경험이나 소중하게 여겨진 경험이 충분하지 않습니다. 예를 들어, 가족 내에 문제가 있어서 어렸을 때 학대를 당하거나 제대로 된 돌봄을 받지 못한 환자는 누군가가 자신을 똑바로 마주해준 경험이 적습니다.

그러므로 신뢰 관계를 구축하기 위해서는 환자가 안심할

수 있는 상황을 만들어주고 저에게 익숙해질 수 있도록 서서히 다가가는 것이 중요합니다.

환자가 아닌 사람들과 대화할 때 역시 상대방을 똑바로 마주하는 것이 중요합니다.

05
모든 업종에서
사전 정보 공개가 중요하다

제 유튜브에서는 우리 의원에서 어떤 치료가 이루어지는지에 관해 자세히 설명합니다. 환자의 대부분은 우리 의원에 오기 전부터 여러 번 반복적으로 제 유튜브에 올린 동영상을 시청합니다. 실제로 환자가 '치료의 확실성'을 이해하는 데 동영상의 내용이 매우 도움이 됩니다.

제가 유튜브에 동영상을 꾸준히 올리는 이유는 앞에서도 말했듯이 환자들과의 신뢰 관계를 사전에 구축하기 위해서지만, 그 외에도 정보를 공유하려는 목적도 있습니다.

의원에서의 치료 방법을 공개함으로써 그 정보가 환자에게도 명확히 전달됩니다. 앞으로 이루어질 치료를 공유하면 실제로 대면했을 때 환자의 만족도와 신뢰도는 훨씬 높아집니다.

호텔 홍보에도 똑같은 논리를 적용할 수 있습니다. 예전에는 호텔 식사 메뉴나 노천탕 등의 정보(사진, 영상 등)를 인터넷에 적극적으로 공개하지 않았습니다. '고객이 실제로 방문했을 때의 감동이 희석된다'는 이유에서였습니다.

하지만 지금은 아닙니다. 모든 호텔은 홈페이지에 방과 서비스의 내용을 자세히 게재하고 있습니다. 동영상을 올리는 곳도 많습니다. 고객은 홈페이지를 보고 호텔을 방문할 날을 손꼽아 기다리며 설렘을 느낍니다. 그리고 당일 실제로 현지에서 멋진 방을 확인하고 더욱 설레게 되는 것입니다. 이처럼 사전에 '정보를 공유'하면 상대방은 두 번 설렙니다. **요즘 시대에 서프라이즈는 불필요한 것입니다.**

또한 부동산 회사에서는 '바닷가의 즐거운 생활이 기다리고 있습니다.', '강아지와 산책하는 것이 즐거워집니다.'라는 식으로 물건의 정보를 홈페이지에 게시하는데, 그것도 '정보 공유'가 목적입니다.

당신도 자신의 확실한 목표를 정하고 나서 SNS, 홈페이지, 유튜브 등에 가치 있는 정보를 공개해 보세요.

06
대화의 스토리 전개를 미리 정해둔다

많은 사람이 '대화의 스토리가 무수히 많다'고 오해하고 있습니다. 하지만 대화의 전개 방식은 생각보다 다양하지 않습니다. 예를 들어, 제가 알코올 의존증 환자를 진찰할 때는 다음과 같은 스토리(발단, 전개, 절정, 결말)가 기본이 됩니다.

〈발단: 동기에 관해〉

😟 **환자** 술 때문에 왔는데요……. 실은 식구들이 병원에 가 보라고 해서…….

🧑‍⚕️ **의사** 그러셨군요. 하지만 어쨌든 본인이 스스로 오시는 데는 용기가 필요하셨을 거라고 생각합니다.

😟 **환자** 그렇지요. 솔직히 말해 정신과에 오기가 두려웠어요. 그래도 선생님의 유튜브를 보고 어떤 분인지 알고 나니까 수월하게 올 수 있었어요.

🧑‍⚕️ **의사** 감사합니다. 술은 매일 얼마나 마시나요? 그리고 어떤 부분이 가장 고민인가요?

(그 후 음주량과 음주의 원인을 확인하고, 술로 인한 문제점도 짚어본다. 술에 취해 회사에 지각하거나 지갑을 잃어버리는 경우가 흔하다.)

〈전개: 즐거움에 관해〉

🧑‍⚕️ **의사** 그래서 술을 끊자고 결심하셨군요.

😟 **환자** 네, 맞아요. 술을 끊겠다고 결심한 첫날엔 불안한 마음이 들었는데, 시간이 조금 흐르고 나서 마음이 조금씩 편해졌어요. 술을 마시면 불필요한 만남에 돈과 시간을 낭비하게 되니까 별로 좋지 않죠. 술을 끊으면 그 돈과 시간으로 제 취미인 낚시나 골프에 에너지를 쏟고 싶어요.

🧑‍⚕️ **의사** 술을 끊으면 건강해지고 살도 빠질 겁니다.

(술을 끊으면 얻을 수 있는 장점을 이야기해서 금주의 결의를 다지게 만든다.)

〈절정: 불안에 관해〉

🧑‍⚕️ **의사** 그런데 실제로 술을 끊는 것은 불안하지 않습니까?

🙂 **환자** 아뇨, 불안하지 않아요. 다만 회식 자리에서 저 혼자 술을 마시지 않으면 이상하게 보일까 봐, 그거 하나는 불안하네요.

🧑‍⚕️ **의사** 애초에 왜 술을 그렇게 많이 마시게 되었습니까?

(술을 마시게 된 배경을 묻는다. 업무 스트레스 때문이라고 이야기하는 사람이 많다. 하지만 더 자세히 이야기를 들어보면 어렸을 때 학대를 당한 경험이 있어서 대인 관계를 잘 맺지 못한다거나, 현재 가족이나 부부 사이가 별로 좋지 않은 것이 원인인 경우도 많다. 그러한 자세한 이야기를 귀 기울여 듣는다.)

<결말: 제안에 관해>

🙂 **환자** 술을 못 끊을 거라고 생각했어요. 지금까지도 잘 안 됐고, 아내도 이제 믿어주지 않지요. 당연히 직장에서도 좋은 평가를 못 받고요……. 이런 제가 술을 끊는다고 무슨 의미가 있을까요?

🧑‍⚕️ **의사** 의미가 왜 없겠습니까? 말씀하신 대로 술 끊는 것은 분명히 어렵습니다. 열 명 중 두세 명만 성공하

니까요. 하지만 어려운 만큼 가치 있는 일입니다. 술을 끊으면 돈과 시간과 건강까지 얻을 수 있습니다. 마음도 자연스럽게 긍정적으로 변하고 잃어버린 신뢰도 되찾을 수 있습니다. 괜찮을 거예요.

(환자를 격려하면서 금주를 꾸준히 실천하기 위해 통원할 것을 약속한다.)

스토리에는 '발단, 전개, 절정, 결말'이 있습니다. 그 스토리 사이에 '불안'과 '제안'의 순으로 감정 기복을 연출하는 것이 기본입니다. 스토리에 즐거운 일만 가득 넣으면 환자는 질병에 대한 이해가 부족해져서 질병을 똑바로 마주할 수 없게 됩니다.

'불안'을 연출하는 것이 걱정될 수도 있습니다. 신중하지 못하게 불안을 부추기는 것은 분명히 지양해야 할 태도입니다. 불안을 부추겨서 불필요한 보험 상품을 파는 것은 사기 행위에 가까울 수도 있습니다.

하지만 애초에 불안감이 없는데 정신과에 오는 사람이 있을까요? 환자는 불안이나 문제가 있기 때문에 진찰을 받는 것이고, 만약 불안이나 문제가 대화 속에서 나오지 않는다면 그것은 환자가 의도적으로 불안을 은폐하고 있기 때문입니다. 그러므로 의사는 환자의 불안이나 문제점을 당연히 화제로 끄집어내야 하며, 그 타이밍이 관건입니다.

가장 무난한 스토리 패턴을 이용한다

불안을 화제로 끄집어내는 타이밍을 잘못 잡으면 대화는 순조롭게 진행되지 않습니다. 그렇기 때문에 가장 무난한 스토리 패턴을 이용하는 것이 좋습니다.

발단, 전개, 절정, 결말이라는 스토리의 리듬은 일상에서도 흔히 볼 수 있고 환자들의 감각에도 이미 익숙해져 있는 방식입니다. 그러므로 이 스토리 패턴을 이용하는 것이 가장 무난합니다. 그 리듬을 이용해서 환자의 신뢰를 얻고 치료 효과를 높이는 것입니다.

직장인의 업무에서도 발단, 전개, 절정, 결말의 스토리가 효과적입니다. 예를 들어, 자동차 딜러의 스토리는 다음과 같습니다.

〈발단: 동기에 관해〉

🙂 고객 지금까지는 전철로 출퇴근했는데, 아이도 점점 크고 재택근무도 늘어나서 교외로 이사했거든요. 그러니 아무래도 자동차가 필요해져서……. 마트에

갈 때도 자동차가 있어야 편리하겠죠.

🙂 딜러 그럼요. 자동차가 있으면 확실히 편하죠.

(자동차가 필요해진 배경과 목적을 듣는다. 이야기를 들으면서 어떤 자동차가 좋을지 상상한다.)

〈전개: 즐거움에 관해〉

🙂 딜러 드라이브를 하거나 여행을 가는 건 어떠세요?

😊 고객 그러게요. 젊었을 땐 드라이브하는 것도 좋아했죠. 아내랑 사귀고 있을 때 자동차를 몰고 데이트하거나 온천 여행을 가기도 했거든요. 아이랑 함께 캠핑 여행을 가는 것도 좋겠네요.

(자동차를 가졌을 때의 즐거움과 운전의 기쁨에 관해 고객의 상상력을 자극해서 분위기를 고조시킨다.)

〈절정: 불안에 관해〉

🙂 딜러 그런데 유지비는 걱정되지 않으세요?

😊 고객 글쎄요. 자동차가 필요하긴 한데, 유지비도 들고, 정말 사도 괜찮은지 아리송해요. 이사한 지 얼마 되지도 않아서 돈도 많지 않고, 아이 교육비도 들 거고…….

🙂 딜러 유지비가 걱정이긴 하죠. 유지비는 대충 이 정도 금액이 들 거예요. 그런데 전철비랑 택시비를 생각하면 이 정도 유지비는 그다지 큰 금액도 아니에요.
(불안한 마음을 이해해주고 함께 그 문제에 대해 생각해줌으로써 신뢰를 얻는다.)

〈결말: 제안에 관해〉

🙂 딜러 직접 시승해보시고 구매를 검토해보시는 건 어떠세요? 나중에 사모님과 함께 오셔서 시승해보셔도 됩니다. 기다리시지 않도록 예약을 잡아드리고 싶은데 어떠신가요?

🙂 고객 친절한 말씀 고맙습니다. 오늘은 일이 있어서 나중에 가족들이랑 함께 올게요. 시승 예약을 해주세요.

🙂 딜러 감사합니다.

여기에서도 '절정: 불안에 관해'를 넣음으로써 감정 기복을 연출할 수 있습니다. 불안을 조장했다가 곧바로 그 불안을 불식하는 제안을 하면 고객의 구매 의욕이 높아지는 것입니다. 안심이나 즐거움만을 스토리에 담으면 감정 기복이 없어지고 고객의 만족감이 낮아져서 구매 의욕은 높아지지 않

대화의 스토리 전개를 생각한다

사람은 담담한 스토리보다는 감정 기복이 생기는 스토리에 마음이 끌린다.

역사 수업은 지루해······.

역사 영화는 재밌어!

사람은 기발한 이야기보다는 무난한 이야기를 좋아한다.

습니다.

대화 속에서 감정 기복이 생길 수 있는 스토리를 설정하는 것만으로 상대방의 마음을 열 수 있습니다. 사람은 감정 기복을 겪으면 생각과 의욕이 달라지는 법입니다. 그러므로 스토리를 세울 때는 '동기 → 즐거움 → 불안 → 제안'이라는 '발단, 전개, 절정, 결말'을 담아야 합니다.

07
시간과 장소가 대화에 끼치는 영향

대화를 준비할 때 쉽게 간과하는 것이 '시간 설정'입니다. 바쁜 사람에게 갑자기 말을 걸면 당연히 그 사람은 불쾌한 표정을 지을 것입니다. 긴급 상황이라면 어쩔 수 없지만, 보통은 타이밍을 잘 맞춰서 대화를 제안해야 합니다.

잠깐 다른 이야기를 하자면, 와세다에 위치한 저희 의원은 2018년에 개업했을 당시에 22시까지 운영한 바 있습니다. 도쿄에서 가장 늦은 시간까지 운영하는 의원이었습니다. 밤에도 진료받을 수 있다는 점에서 환자들의 입소문을 탔고, 인터넷 검색에서도 유리하게 작용했습니다.

그때까지만 하더라도 정시에 퇴근하는 직장인이 드물었

고, 정신과에 가기 위해 일부러 병가를 내거나 조퇴하는 것도 허용되지 않는 분위기였습니다. 그래서 저는 환자들이 퇴근하고 편안하게 방문할 수 있도록 밤늦게까지 진료를 한 것입니다.

그러나 지금은 19시 반까지만 진료하고 있습니다. 왜냐하면 얼마 전부터 직장 문화가 눈에 띄게 개선되어 정시에 퇴근하는 사람들이 많아지고 병가나 조퇴를 자유롭게 낼 수 있는 분위기가 정착되었기 때문입니다. 그래서 밤늦게 진료받고 싶어 하는 사람들이 거의 사라졌습니다.

제가 말하고 싶은 요점은 상대방의 입장이 되어 시간을 설정해야 한다는 것입니다. 상대방이 대화하기 곤란한 시간대는 피해야 합니다. 특히 출근하자마자 대화를 걸거나 퇴근하기 직전에 말을 하는 것은 금물입니다.

또 대화할 장소도 대충 정해서는 안 됩니다. 이때는 자신의 목적에 맞는 장소를 선택하는 것이 좋습니다.

제가 와세다에서 개업한 이유는 환자가 긴장을 푼 상태에서 편안하게 이야기해주었으면 좋겠다고 생각했기 때문입니다. 시내에서 떨어진 변두리이자 대학가이기도 한 와세다라면 환자가 그다지 긴장하지 않을 것이라는 노림수였습니다.

저희 의원은 인테리어로 책을 넉넉하게 꽂고, 나뭇결 바닥을 깔고, 크림색으로 벽을 칠했습니다. 지적인 분위기를 연출하면서 환자가 집에 있는 것처럼 편안하게 대화할 수 있도록 분위기를 조성하려는 목적이었습니다.

==인간도 결국 동물이기 때문에 여러 가지 주변 환경에 영향을 받습니다.== 장소가 가지고 있는 분위기나 시각 정보에도 당연히 커다란 영향을 받을 수밖에 없습니다. 앞에서 설명했듯이 대화의 목표를 먼저 명확히 정하는 것이 우선이며, 그 목표에 따라 장소를 정하면 됩니다.

예를 들어, 상사와 상담해야 할 일이 있다면 좁은 장소를 선택하는 것이 좋습니다. 아담한 방에서 상담하면 친밀감이 높아지기 때문입니다. 데이트할 때 연인과 좁은 공간에서 밀착해야 더 즐거운 것과 같은 원리입니다. 커다란 회의실에서 상담하면 서로 주의가 산만해져서 대화가 잘 이루어지지 않을 가능성이 큽니다.

column
정신과 의사는 왜 환자에게 영향을 받지 않을까?

생각해보면 정말로 신기한 일입니다. 하루 7~8시간, 주 5일 동안 환자의 이야기만 듣고 있는데도 저는 침울해지거나 과격해지지 않으니까요.

환자의 감정에 끌려다니면 의사 일을 꾸준히 할 수 없겠지요. 저 나름대로 참을성이 있어서인지 환자의 우울한 감정에 물들지 않습니다. 일단 기본적으로 환자는 '남'이기 때문입니다. 환자가 제 친구나 가족이었다면 제 마음도 힘들었겠지요.

어쩌면 환자에게 익숙해져 있기 때문일 수도 있고, 어느 정도 단념했기 때문일 수도 있습니다. '내가 모든 환자를 치료할 수는 없다.'라는 현실, '내가 할 수 있는 치료는 이것이 한계다.'라는 타협, '인간은 언젠가 반드시 죽는다.'라는 수용, '누구에게나 단점과 문제점이 있다.'라는 체념……. 이것을 제 마음속 어딘가에서 받아들이고 있다는 것입니다.

그런 숙명적인 한계성을 인정하고 환자에게 '지금의 의학으로 할 수 있는 최대한의 치료'를 하는 것이 우리 의사들의 목표입니다.

환자가 저를 비난하더라도, 사실 환자의 마음도 이해할 수 있습니다. 저는 환자에게 이솝 우화에 나오는 '신 포도'이기 때문입니다. 여우는 높이 매달린 포도를 따려 하는데 발이 닿지 않아 실패하자 "저 포도는 어차피 신 포도야."라고 투덜거렸습니다. 환자도 본인의 병이 낫지 않는 현실을 답답해하기 때문에 "저 의사는 어차피 능력이 없어."라고 투덜거리는 것입니다.

저는 최선을 다했지만, 환자도 당연히 저를 비난할 수 있습니다. 그런 환자들이 어느 정도 존재하는 것은 인간 사회에서 어쩔 수 없는 불가피한 현실이기에 저는 환자의 이야기에 끌려가지 않는 것입니다.

제2장

대화하기 전에
자신의 성격과 특징을
이해한다

08
대화하기 전에 스스로 어떤 사람인지 파악하자

당신은 자신의 성격과 특징을 의식하면서 대화합니까?

많은 사람은 자신을 거의 의식하지 않습니다. 하지만 그러면 대화가 잘 이루어지지 않습니다. 자신의 성격이나 특징을 신경 쓰지 않고 대화를 나누다 보면 무의식 속에 잠들어 있던 '불량 인격'이 겉으로 드러나기 때문입니다.

'불량 인격'은 대화 중에 무심코 자기 자랑을 늘어놓거나 갑자기 분노를 터뜨려서 상대방을 불쾌하게 만듭니다. 그러면 모처럼 대화의 목표를 확실히 정했어도 그 목표를 달성하기가 힘들어집니다. 경우에 따라서는 대화가 좌절될 수도 있습니다. 그러므로 대화하기 전 단계에서 자신의 성격과 특징을 분명히 파악하는 것이 중요합니다.

우리는 '나'라는 관점에서 세상을 인식하기 때문에 잘못된 이해와 착오로도 이어질 수 있습니다. 또한 우리는 예전부터 생각하고 행동해온 방식 그대로 계속 생각하고 행동하려는 경향이 있습니다.

사실 변화는 무척 어려운 일입니다. 우리가 의도치 않게 인식하지 못한 상태에서 다른 사람들에게 나쁜 영향을 미칠 수 있다는 것을 대부분의 사람들은 완전히 새로운 정보로 느낄 수 있습니다.

새로운 접근법은 이미 뇌에 저장되어 있는 구조에 생물학적으로 스트레스를 줄 수밖에 없습니다. 진화적 압박 때문에 우리 뇌의 '원시적' 기능은 논리적 처리나 생각보다 두려움과 분노를 우선해서 작동하기 때문입니다.

사람들은 불확실한 것을 마주하면 강렬한 감정이 이성을 압도하게 되고, 그 결과 감정이 격앙되어 신중하고 사려 깊은 과정을 방해할 수 있습니다.

특히 인간의 마음은 스스로도 잘 파악하기 어렵습니다. 인간은 의식뿐만 아니라 무의식에도 커다란 영향을 받는 존재이기 때문입니다.

09
누구든지 '가족의 영향'에서 벗어날 수 없다

당신과 저를 포함한 모든 인간은 성장 과정에서 무의식적으로 '가족에게 영향'을 강하게 받습니다.

예를 들어, 엄격하게 훈육하는 부모 밑에서 자란 사람은 무심코 주변 사람들을 엄격하게 대할 수 있습니다. 반대로 엄격하게 자란 경험을 자식에게 물려주고 싶지 않아서 아이를 너무 응석받이로 키울 수도 있습니다.

또 다른 예로는 형이나 오빠가 주변의 칭찬을 독차지하는 모범생이었다면 상대적으로 자신을 초라하게 느꼈을 수 있습니다. 이 경우 자신감을 쉽게 잃거나 자존감이 낮은 사람으로 자랄 가능성이 큽니다. 또한 나이가 많은 남성 상사를 무의식적으로 '우수한 사람'이라고 착각하게 될 가능성도 있습니다.

예를 들자면 끝이 없습니다. 누구든지 가족의 영향을 받았다는 사실을 부정하기는 힘듭니다.

- 자신의 가족은 어떤 사람들이었는가?
- 아버지는 어떤 사람이었는가?
- 어머니는 어떤 사람이었는가?
- 가족의 역사는 어땠는가?
- 가족 간의 권력 구조는 어땠는가?
- 자신보다 우수했던 형제자매가 있었는가?
- 다른 형제자매에게만 주변의 관심이 쏠리고 자신은 무시당했는가?
- 학대받은 경험이 있는가?

이런 사항들을 정리해서 자신을 되돌아볼 필요가 있습니다.

제가 환자에게 가족에 관해 물어볼 때는 다음과 같이 대화합니다.

🧑‍⚕️ **의사** 현재 아버지 나이는 어떻게 되나요? 예전에 어떤

일을 하셨나요?

환자 아버지는 73살이고, 예전에 고등학교 수학 교사였어요.

의사 어머니는요?

환자 어머니도 73살요. 국어 교사였고요.

의사 형제는 어떻게 되시죠?

환자 형이 있어요. 46살인데, 일은 안 하고 집에서만 지내요. 그냥 뭐 백수예요.

의사 그렇군요. 환자분은요?

환자 저는 40살요. 사무직으로 일하고, 결혼은 하지 않았어요.

의사 어렸을 때 아버지가 엄격하셨나요?

환자 아뇨. 엄격한 쪽은 어머니였어요. 자식 교육에 열정적이어서 형을 의대에 진학시키려고 노력했는데…… 뜻대로 되지 않았죠. 저는 그런 형 곁에서 유탄을 맞은 느낌이 들 때가 많았어요. 저보다는 형이 좀 불쌍해요.

의사 그때 아버지는 어떠셨나요?

환자 아버지는 존재감이 없었고, 어머니가 하라는 대로 하는 느낌이었어요. 자식 교육에는 상관하지 않겠다는 무책임한 태도였지요. 저에게는 용돈을 주시기도 했지만……, 형하고는 사이가 안 좋았고, 여러 번 싸우고 폭언도 오갔어요.

의사 그럼 지금 집안 분위기는 어떤 느낌이죠?

환자 모르겠어요. 어머니는 은퇴해서 전업주부이고, 아버지는 지인분의 회사에서 자그마한 일을 하고 있는 것 같은데……. 형은 어머니하고만 이야기하니까 잘 모르겠네요.

의사 어렸을 때 외로움을 탔나요?

환자 그랬지요. 집 안에서는 언제 싸움이 벌어질지 몰라 무서웠고요. 아버지와 어머니 사이도 좋지 않았어요……. 집안에서 말하는 사람은 저뿐이었어요. 너무 힘들어서 중학생 때는 손목을 긋기도 했고요. 식사를 거부하기도 했어요. 대학생이 되어 혼자 살기 시작하자 거식증에 걸리고 말았지요. 아무에게도 들키고 싶지 않아서 이렇게…….

⑩
현재 주변 환경에서
어떤 영향을 받고 있는가?

자신을 파악하기 위해서는 가족뿐만 아니라 지금 속해 있는 '사회', '업계', '회사'에 관해서도 알아야 합니다. 자신이 속한 업계는 어떤 업계인지, 자신의 회사가 어떤 평가를 받고 있는지 알면 거기에 속한 자신도 파악할 수 있습니다.

예를 들어, '일류 기업에 근무하고, 엘리트 의식이 넘쳐나는 상사나 동료들에게 둘러싸여 있는 환경'에 속한 사람은 그들과 마찬가지로 주변 사람들에게 무의식적으로 거만한 행동을 할 수도 있습니다.

규율이 느슨한 업계(IT 업계 등)에 속한 사람은 진중한 자리에서 무의식적으로 너무 가벼운 말투로 이야기해버리는 경향이 나타날 수 있습니다.

   업계와 회사마다 각각 문화가 있고 그에 적합한 가치관이 있습니다. 그리고 우리는 자신을 둘러싼 문화의 영향을 받고 있기 때문에 성격까지 변하기 마련입니다. 회사 안에 있으면 잘 모르겠지만, 밖으로 나가 다른 회사 사람들과 교류하다 보면 어느새 자신이 회사의 색깔에 물들어 있었음을 깨닫게 됩니다.

- 자신이 속한 업계는 어떤 문화와 가치관을 지니는가?
- 그 업계에는 어떤 성격의 사람들이 많은가?
- 자신이 속한 회사는 어떤 문화와 가치관을 지니는가?
- 그 회사에는 어떤 성격의 사람들이 많은가?

   이런 사항들을 정리해서 자신을 되돌아보는 것이 중요합니다.

11
인생의 각 시기와
세대의 영향

    당연하지만 인간은 자신의 현재 나이와 자신이 속해 있는 세대의 영향도 받고 있습니다.

    현재 자신의 나이라면 지금까지 마땅히 해냈어야 하는 일이 무엇이고, 앞으로 해내야 할 일이 무엇인지 고민하게 됩니다. 자신이 현재 어떤 처지에 있고, 앞으로 어떤 일을 해야 하고, 지금까지는 어떤 인생이었는지 통찰하며 스스로를 이해하려는 것입니다.

    젊은 사람이라면 새로운 일에 과감히 도전하는 데 거리낌이 없을 것입니다. 그러나 50대가 되면 부모의 간병비나 자녀의 교육비가 걱정되고, 직장에서도 책임 있는 자리에 있기 때문에 좀처럼 과감하게 도전하기가 힘들어집니다. 이처럼 일상생활에서 나이의 영향을 떨쳐내기는 힘듭니다.

또한 세대별 가치관의 차이도 있습니다.

30대 초반인 제가 봤을 때, 1960년대 초반에서 1970년대 중반에 태어난 '버블 세대'는 허세를 부리는 이미지가 있습니다. 또한 1980년대 후반에서 2000년대 초반에 태어난 '유토리 세대'는 느긋하게 살아간다는 이미지가 있습니다.

감수성이 풍부한 10~20대를 어떤 세상의 분위기 속에서 보냈느냐에 따라 그 사람의 가치관은 크게 달라집니다. 이러한 세대의 영향도 함부로 간과할 수 없습니다.

이처럼 자신의 나이와 자신이 속해 있는 세대의 가치관, 그리고 상대방의 나이와 상대방이 속해 있는 세대의 가치관을 정리해두는 것도 중요한 작업입니다.

자신은 어떤 사람인가?

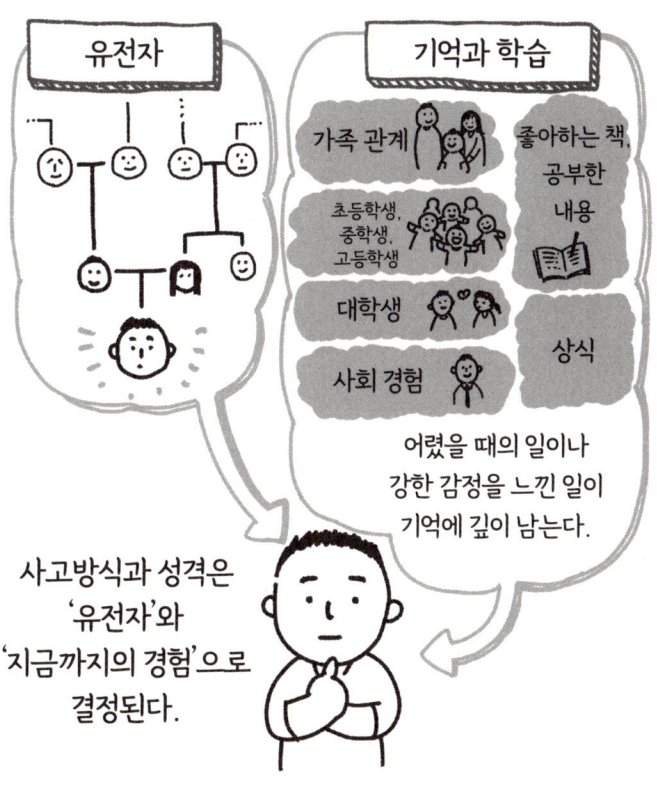

⑫
대화에 나타나는
'자아', '초자아', '리비도'

여기서 마음의 구조를 잠깐 소개하겠습니다.

인간의 정신 구조는 '자아', '초자아', '리비도'의 조합으로 이루어졌다는 설●이 있습니다.

초자아는 부모의 가르침이나 사회의 규칙 또는 문화와 언어 등의 영향을 받아 자신의 마음에 내재된 원리를 말합니다. '당연히 그렇게 해야 한다.'라고 자신을 이끌어주는 '보이

● 프로이트(S. Freud, 1856~1939)는 인간의 인격을 세 가지 단계, 이드(Id), 자아(Ego), 초자아(Super ego)로 되어 있다고 했다. 이드는 쾌락의 원리에 지배되는 무의식의 영역으로, 성욕과 같은 원시적 욕구를 말한다. 리비도는 성 충동을 일으키는 에너지를 뜻하는데, 프로이트는 리비도를 대단히 넓게 해석한다. 가령 공부를 열심히 하는 것도 리비도의 활동 방향을 바꾼 결과로 본다.

지 않는 가르침' 같은 것입니다.

예를 들면 양심이 바로 초자아입니다. 그런데 초자아는 자신을 지나치게 엄격하게 다스려서 몸을 망가뜨리거나 우울하게 만들어버리는 등의 나쁜 방향으로 작용하기도 합니다.

리비도는 사람의 본능적 충동을 말합니다. 본능에 굴복해서 과식해버리거나, 돈을 흥청망청 써버리거나, 허세를 부리게 되는 것은 리비도의 영향입니다.

그리고 초자아와 리비도를 제어하는 것이 자아입니다. 하지만 초자아와 리비도의 힘이 자아의 힘을 능가하는 경우도 발생합니다. 양심의 힘이 커지면 플러스로 작용하겠지만, 대부분의 초자아와 리비도는 마이너스로 작용하는 경우가 많습니다. 그래서 과로로 인한 우울증 같은 정신 질환이 발생하는 것입니다.

우리의 평소 대화에서도 초자아와 리비도가 모습을 드러내는 경우가 종종 있습니다. 만일 당신이 남성이고 대화 상대방이 아름다운 여성일 경우, 대화의 목표를 잊어버리고 여성에게 끌려다니는 대화를 해버릴지도 모릅니다. 리비도의 힘이 자아의 힘을 뛰어넘었기 때문입니다.

이처럼 자신의 의식이나 자아를 초월한 언동은 대화에 큰 영향을 끼칩니다.

⑬ 대화하기 전에 자신의 '경향'을 분석한다

그렇다면 어떻게 해야 무의식, 초자아, 리비도 등을 억제할 수 있을까요?

먼저 '자신의 잘못된 대화 경향'을 파악하고, 대화 중에 그런 잘못된 경향이 나타나면 의식적으로 대화를 멈추는 것입니다.

보험설계사와 고객의 대화를 예로 들어봅시다.

〈나쁜 예〉

😊 **고객(여성)** 장래를 대비해 보험에 가입하고 싶은데, 조금 저렴한 보험이 있을까요?

🧑 **보험설계사(남성)** (예쁜 고객이네.) 저렴한 건 별로 없습니다.

👩 **고객** 그래요……? 저렴하게 해주시면 바로 가입할 텐데요.

🧑 **보험설계사** (예쁘기도 하고, 잘 보이고도 싶으니까) 알겠습니다. 손님한테만 특별히 저렴하게 해드릴게요.

〈좋은 예〉

👩 **고객** 장래를 대비해 보험에 가입하고 싶은데, 매월 납입 금액을 내기가 빠듯해서……, 혹시 좀 저렴한 보험이 있을까요?

🧑 **보험설계사** (고객이 참 예쁘네~. ……아, 나는 예쁜 여자에게 약한 경향이 있었지. 조심해야 돼.) 죄송합니다. 할인 혜택은 실시하지 않고 있습니다. 보험료는 고정비라 확실히 부담이 되시겠죠. 여러 가지 상품을 함께 살펴보면서 가장 적합한 상품을 찾아보는 게 어떻겠습니까?

👩 **고객** 아, 네. 그럼 부탁드려요.

자신의 대화 경향을 파악하기 위해서는 친구나 가족에게 당신에 대한 평가를 해달라고 하는 방법이 좋습니다. '여자한테 약한 경향이 있어.', '사소한 일에 금방 화를 낼 때가 있어.'라는 말을 들은 적은 없습니까?

  사실 이러한 조언은 기분 나쁘기 때문에 대부분의 사람들은 인정하지 않으려고 합니다. 하지만 자신의 경향을 인식하지 않으면 자신을 스스로 이해할 수 없습니다. '나에게는 이런 경향이 있다.'라고 확실히 인식하는 것이 자신을 파악하기 위한 출발점입니다.

자신의 '자아', '초자아', '리비도'를 파악하자

뇌는 심장을 움직이고 혈액을 흘러가게 만들고 소화를 시킵니다. 그런데 우리는 평소에 그런 장기의 움직임을 감지하지 못합니다.

이와 마찬가지로 마음이나 의식이라고 불리는 것도 뇌의 작용이지만, 그 움직임을 감지할 수 없습니다. 우리의 감정, 기억, 사고방식의 특성 또한 뇌의 작용으로 결정되지만, 그것들이 어떻게 탄생하는지는 파악하기 힘듭니다.

그러나 어느 정도 추측은 해볼 수 있습니다. 남자친구가 바람피우는 현장을 한 여성이 목격했다고 합시다. 그 여성의 눈에는 자신의 남자친구와 어떤 여자가 함께 있는 모습이 시각적 자극으로 들어가고, 뇌에서는 마치 연인처럼 시시덕거리는 두 사람의 모습으로 유추해보건대 바람피우는 현장이라고 결론을 내립니다. 그런 다음 분노해야 하는 시점이라고 판단해서 심장의 움직임을 빠르게 만들거나 땀을 내뿜는 일련의 동작을 일으킵니다. 그리고 그 여성의 마음이나 의식은 심장의 움직임이나 머리가 뜨거워지는 것 같은 감각을 기억했다가 '자신이 지금 분노하고 있음'을 포착하게 됩니다.

감정이나 생각은 의식의 밑바닥에서 발생해서 표면으로 나와야 비로소 포착되고 파악되는 것으로 보입니다. 이때 의식의 밑바닥을 '무의식'이라고 말하고, 그곳에서 나온 감정이 포착되는 표면을 '전의식'이라고 부르며, 그 감정을 명확히 파악할 수 있는 영역을 '의식'이라고 합니다.

자아, 초자아, 리비도는 그중 어느 영역에 있을까요? 자아는 기본적으로 '의식'에 있지만 '전의식'이나 '무의식'에도 있습니다. 초자아나 리비도는 무의식적인 것으로 알려져 있지만, 사실 '전의식'에도 있습니다.

'전의식'에 있는 감정과 생각을 스스로 파악하는 데는 시간과 노력이 소요됩니다. 그러므로 다른 사람에게 지적해달라고 하는 편이 훨씬 효율적입니다. 그런 이유로 정신과 진료와 상담이 효과적인 수단이라고 할 수 있습니다.

14
우리는 인간관계를
무의식적으로 가공한다

 우리는 가끔 스트레스나 마음의 피로 때문에 상대방의 인간성이나 생각을 올바르게 파악하기 어려운 때가 있습니다. 심한 경우에는 대화에 지장을 주거나 인간관계를 깨뜨리기도 합니다.

 여기에서는 정신 건강을 다루는 사람들 사이에서 당연한 상식으로 공유되고 있는 몇 가지 개념을 소개하겠습니다.

 우리의 의식이나 이성은 완벽히 통제할 수 있는 것이 아니라, 본능이나 감정 등 다양한 요소에 영향을 받습니다. 자신의 의식이나 이성으로 깨닫기 어려운 영역을 '무의식'이라고 부릅니다. '무의식적으로 이상한 행동을 하게 되는 것'은 인간이기 때문에 어쩔 수 없는 일이며, 갈등의 원인이 되기도 합니다.

무의식적으로 작용하는 마음의 움직임을 이해하는 것은 매우 중요합니다. 인간이 무심코 동물적인 행동을 보일 수 있다는 사실을 알아둔다면 다양한 실수를 예방할 수 있기 때문입니다. 또 상대방이나 자신을 이해하는 데도 도움이 됩니다.

① 투영

투영은 '상대방도 자신과 같은 감정을 품고 있다고 생각하는 것'입니다. 예를 들어, 당신이 짜증을 내고 있다고 합시다. 이때 짜증을 내고 있는 사람은 당신인데, 당신은 '상대방도 짜증을 내고 있다'고 느낍니다.

또한 만약 당신이 어떤 일에 서툴다고 스스로 느낀다면, '주변 사람들도 내가 그 일에 서툴다고 여기겠지?'라고 생각하게 됩니다.

② 전이

전이는 '자신의 과거 체험을 상대방에게 겹쳐버리는 것'입니다. 예를 들어, 어렸을 적에 아버지에게 자주 혼나서 아버지를 미워하는 사람은 어른이 되어서도 상사에게 꾸중을 들으면 아버지가 생각나서 무의식적으로 상사를 미워하게 됩니다.

저는 환자로부터 '회사에 가기가 괴롭다'는 상담을 받으면 무의식적으로 '회사는 원래 괴로운 곳이에요.'라고 말해버리고 싶은 충동이 일어납니다. 왜냐하면 저는 회사라는 조직에 평소 부정적인 이미지를 지니고 있기 때문입니다. 따라서 환자가 소중히 여길지도 모르는 회사를 함부로 부정해버리고 싶어지는 것입니다.

③ 역전이

역전이는 '상대방의 감정을 자신의 감정으로 착각해버리는 것'입니다. 예를 들어, 상대방이 자신에게 분노의 감정을 품었을 때 자신도 상대방에게 분노의 감정을 느끼게 되는 것입니다.

④ 투사적 동일시

투사적 동일시는 '자신의 감정을 타인에게 강요하는 것'입니다. 예를 들어, 되는 일이 하나도 없을 때 그것을 전부 상대방의 탓이나 세상의 탓으로 돌려버리는 것입니다.

이러한 투영, 전이, 역전이, 투사적 동일시는 누구에게나 일어날 수 있습니다.

중요한 것은 당신이 이러한 심리적 개념들을 잘 이해하고 '자신에게도 일어날 가능성이 있다'고 인식하는 것입니다. 그리고 대화 중에 그것들이 일어날 것 같으면 스스로에게 경종을 울려서 대화를 멈추어야 합니다. 그래야 무의식 속에 잠들어 있던 '불량 인격'이 모습을 드러내지 않습니다.

특히 자신의 약점을 잘 파악하고 있어야 합니다. 저는 앞에서 말했듯이 회사라는 조직에 부정적인 이미지를 품고 있으며, 이것이 저의 약점이라고 자각하고 있습니다.

이러한 자신의 경향을 파악하는 작업을 끊임없이 시행해야 합니다. 인간의 마음은 매일 달라지기 때문입니다. 저는 제 경향을 꾸준히 파악하려고 노력해 온 덕분에 회사라는 조직에 대한 부정적인 이미지가 점차 옅어지고 있습니다.

사람은 '무의식적으로 오해하는' 경우가 많다

⑮
상대방이 어떤 사람인지 미리 파악한다

상대방도 자신과 마찬가지로 그 사람 나름의 성격과 특징이 있습니다. 그런 상대방의 성향도 파악해두면 대화를 더욱 원활하게 진행할 수 있습니다.

예를 들어, 대화를 통해 상대방이 '엄격한 가정에서 자랐다'는 사실을 알게 되면 '상대방이 다소 공격적인 말투로 이야기할 가능성이 있다'고 짐작할 수 있습니다. 혹은 상대방의 취향을 미리 파악하면 상대방의 말을 공감해줄 수 있는 여지가 늘어납니다.

그런데 서로의 성격 차이라고만은 하지 못할 만큼 도저히 이해하기 힘든 사람도 있습니다.

예를 들어, 남들을 전혀 배려하지 않고 자신의 업적만을 과장하며 자신의 권리만을 주장하는 사람들(자기애성 인격장애)이 있습니다. 혹은 농담이나 비유를 이해하지 못하고 말뜻 그대로 받아들여서 화를 내거나 자신 위주의 일방적인 대화밖에 할 줄 모르는 사람들(자폐성 스펙트럼 장애)도 있습니다.

이런 사람들을 만났을 때는 굳이 어울릴 필요가 없습니다. '마음의 구조'가 다른 사람이라고 인식하고 서로 알아가려는 노력을 단념하는 것도 좋습니다. 자폐성 스펙트럼 장애를 지닌 배우자와 소통이 잘되지 않아서 스트레스와 불만이 커지고 몸에 이상이 발생하는 '카산드라 증후군'에 걸리는 사람도 늘고 있습니다. 자폐성 스펙트럼 장애를 지닌 배우자와 억지로 공감을 시도하다가 실패하는 바람에 결국 우울증에 걸리고 마는 것입니다.

세상에는 '이야기가 잘 통하는' 사람만 있는 것이 아닙니다. 상대방과 자신의 차이를 솔직하게 인정하고 자신의 상식을 강요하거나 무리하게 공감을 바라지 말아야 합니다.

자기애성 인격장애를 지닌
사람과 만난다면?

자기애성 인격장애는 쉽게 말해서 **'자신을 너무 좋아하는 바람에 남에게 피해를 주는 사람'**입니다. 정작 본인은 힘들어하지 않으며, 주변 사람들만 힘들어하는 경우가 대부분입니다.

자기애성 인격장애를 지닌 사람은 다음과 같은 특징이 있습니다.

과대한 공상과 행동

자신을 특별하고, 재능이 있으며, 훌륭한 사람이라고 생각합니다. 그러한 신념, 공상, 판타지에 사로잡혀 매우 거만한 태도를 보이기도 합니다.

주목과 칭찬의 필요성

항상 주목받고 칭찬받지 못하면 불쾌해 합니다. 그래서 칭찬을 억지로 강요하기도 합니다.

예를 들어 직장에서 '이번 달의 우수 사원은 ○○○입니다.'라고 발표하면 자기애성 인격장애를 지닌 사람은 "왜 저 사람이 우수 사원이야? 내가 더 일을 잘했는데?"라면서 매우 화를 내기도 합니다.

대부분의 회사에서는 우수 사원을 형식적으로 선정하며, 우수 사원에 선정되었다고 해서 월급이 늘어나는 것도 아니라서 사원들끼리 한 사람씩 적당히 돌아가면서 뽑히는 게 실상입니다. 그래서 우수 사원에 뽑히지 못했다고 화를 낼 것까지는 없는 듯한데, 자기애성 인격장애를 지닌 사람은 굉장히 화를 냅니다. 질투심이 엄청나기 때문입니다.

대인 관계에서 남을 이용

대인 관계에서 착취적입니다. 자신의 목적을 달성하기 위해 남을 쉽게 이용하며, '이용당하는 사람이 잘못'이라고 생각합니다.

공감성의 결여

남의 감정을 모르고, 알려고도 하지 않습니다. 보통 사람은 상대방이 마음의 상처를 입는 것을 원하지 않지만, 자기애성 인격장애를 지닌 사람은 다릅니다. 자신의 이득을 위해서라면 상대방이 상처받는 일은 신경도 안 씁니다.

자기애성 인격장애를 지닌 사람은 '나쁜 사람'의 이미지를 모두 가지고 있습니다. 예를 들어, 고급 시계와 비싼 정장을 착용하며 허세를 부리고, 항상 잘난 척하고, 노래방에서 혼자서 마이크를 독점하고, 부하들을 회식에 억지로 불러내는 갑질 상사의 이미지입니다.

합병증

알코올 의존증, 도박 의존증, 조울증을 합병증으로 지닐 수 있습니다. 조증 상태일 때 자기애성 인격장애의 특징이 더욱 두드러집니다. 또한 반사회성 인격장애(사회 규범을 어기는 짓을 예사롭게 저질러버리는 인격장애)를 나타내기도 합니다.

치료

일단 기분 안정제인 발프로산으로 조증 상태를 억제하거나 아리피프라졸로 감정의 기복을 억누릅니다. 하지만 약물 치료보다는 상담 치료가 더 중요합니다.

환자 스스로 자기애를 포기하도록 해야 하는데, 자기 스스로 심리적인 문제를 가지고 있고 도움을 필요로 한다는 것을 인정하기 어려워 합니다. 그들은 성장 과정에서 학대와 같은 심란한 일들을 당한 경우가 많습니다. 만약 이런 사람이 가까이 있다면 거리를 두는 것이 좋습니다.

제3장

대화는 어떻게 듣느냐에 따라 모든 것이 결정된다

16
대화의 주인공은
내가 아니다

대화를 하기 전에 준비를 철저히 하고 자신과 상대방의 성격까지 파악하면, 드디어 '정신과 의사의 대화 기술'을 실천할 차례입니다.

먼저 대화를 하기 위한 '대전제'가 있습니다. 그것은 '대화의 주인공은 상대방'이라는 것입니다. 가장 먼저 필요한 것은 상대방을 존중하는 마음입니다.

업무적인 면에서는 당신이 상대방보다 상위에 위치해 있을 수도 있습니다. 그 예로는 상사가 부하를 교육하는 경우, 대기업 직원이 중소기업 사장으로부터 접대를 받는 경우를 들 수 있습니다. 이럴 때 무심코 거만한 태도가 나오기 십상입니다. 그런 태도는 반드시 상대방에게 전달되어 불쾌한 기분을 초래하게 합니다. 이래서는 대화를 통해 목표에 도달하기는 불가능합니다.

저는 환자를 대할 때 '이 환자는 나보다 훌륭한 사람'이라고 의식적으로 생각합니다. 진찰실 안에서 '선생님'으로 불리는 의사는 자신이 더 높은 곳에 있다고 착각하기 쉽습니다. 이러한 거만한 태도는 무의식적으로 나오는 경향이 있습니다. 그런 만큼 스스로를 훈계하는 마음을 항상 가져야 합니다. 저는 그런 기분이 들지 않도록 항상 스스로를 다독이고 있습니다. 실제로 환자들은 저와 다른 분야에서 훌륭하게 활약하고 있는 사람들입니다.

영업 사원은 날마다 똑같은 상품을 팔기 때문에 자칫 매너리즘에 빠지기 십상입니다. 고객과 만나도 마치 영업이라는 이름의 게임을 소화하고 있는 듯한 건조한 느낌만 내뿜습니다. 이래서는 고객의 인격을 존중할 수 없고, 그런 태도가 겉으로 드러나버립니다. 그러므로 고객을 만날 때마다 매번 기분을 전환하고 상대방을 존중하면서 대화를 나누도록 노력해야 합니다.

column
정신과 의사는 환자를 어떻게 존중하는가?

'상대방을 존중하는 태도로 대한다'는 것은 말처럼 쉬운 일이 아닙니다.

정신과 의사는 인간의 심리를 이해하고, 질병을 판단하고, 적절한 처치를 해야 하는 사람입니다. 환자의 취약한 마음에 다가가 공감하고 환자의 불편을 덜어줘야 합니다.

하지만 정신과 의사도 평범한 인간이기 때문에 그런 일을 쉽사리 해낼 수 없습니다. 그렇다고 해서 '못하겠다'고 말할 수도 없습니다. 어떻게든 해내야만 하는 게 의사의 숙명입니다. 그런 부담을 느끼면서 의사라는 직무를 감당하기 위해서는 '나는 뛰어난 사람이며, 환자보다 똑똑하다. 나에게는 정신의학 지식이 있지만, 환자에게는 없다.'라고 (무의식적으로) 생각함으로써 어떻게든 고양감을 유지하려는 면도 있습니다. 특히 젊은 의사들은 환자에 대한 존중보다는 치료자로서의 책임을 더욱 중시하려는 면도 있습니다.

그러나 의사로서 성장해감에 따라 자신의 나약함을 자각하고 의료의 한계를 이해하며 그것을 환자에게 솔직하게 이야기할 수도 있게 됩니다. 그러면 환자 쪽에서 먼저 의사를 배려해주게 됩니다.

환자의 배려를 받으면 정신과 의사는 그 환자를 자연스럽게 존경하게 됩니다. '이렇게 어려운 상황을 이해해주다니……'라며 감사도 하게 됩니다. 이런 과정을 거치다 보면 다른 모든 환자도 존중할 수 있게 됩니다.

인간은 '듣기'보다 '말하기'를 좋아하는 동물

대화할 때 알아두어야 할 또 하나의 대전제가 있습니다. 그것은 '상대방은 당신의 말을 듣고 싶어 하지 않는다'는 것입니다. 의외라고 생각하는 사람이 많을 것입니다.

왜 당신은 상대방이 당신의 이야기를 듣고 싶어 하지 않다는 사실을 깨닫지 못할까요? 그 이유는, 듣기와는 달리 말하기는 항상 즐겁기 때문입니다. 입을 열고 이야기할 때 인간의 뇌에서는 식사를 하거나 성관계를 할 때 얻을 수 있는 쾌락 물질(도파민)이 분비된다고 합니다.

장래의 꿈, 자신의 특기, 자신의 성공 체험 등을 누군가에게 이야기할 때는 당신도 기분이 좋을 것입니다. 반대로 직장 상사가 늘어놓는 자기 자랑을 계속 듣다가 지긋지긋해졌던 경험도 누구에게나 있을 것입니다. 하지만 듣는 사람이 아무리 표정을 찌푸리고 있어도 이야기하고 있는 본인은 무척 즐겁습니다.

이야기 내용이 무엇이든 상관없습니다. 날씨나 뉴스에 관한 이야기를 해도 무조건 기분이 좋아집니다. 목소리를 내는 것 자체가 정신적 쾌락을 가져다주는 셈입니다.

그렇다면 당신은 입을 다물고 상대방이 마음껏 말하도록 해준다는 것은 상대방을 배려하는 최고의 대화 기술이 됩니다. 마음껏 이야기하면서 충분히 즐거움을 맛본 상대방은 이야기의 내용은 둘째 치고 '알찬 대화'였다고 착각할 것입니다.

또한 상대방은 말하면 말할수록, 그리고 당신이 그 말을 들으면 들을수록, 당신에 대한 신뢰가 높아집니다. 자기 말을 들어주고 있다는 것만으로도 호감을 품게 되는 것입니다.

⑱
상대방은 이미 많은 정보를 가지고 있다

상대방이 '당신의 말을 듣고 싶어 하지 않는' 이유는 또 있습니다.

저희 정신과 의원에는 환자 스스로 "우울증에 걸린 것 같아요."라며 자신의 병을 구체적으로 인식하고 초진을 받으러 오는 경우가 많습니다. 인터넷으로 미리 알아보고 내원하는 것입니다.

이 경우 환자는 의사로부터 어떤 말을 듣고 싶은 것일까요? 다음의 세 가지일 것입니다.

① 자신이 찾아본 정보 중에 잘못된 정보는 무엇인가?

② 미처 발견하지 못한 정보는 무엇인가?
③ 약 처방과 조언

환자가 제 진단을 받는 것은 '정답 맞혀보기'의 의미가 강해지고 있습니다. 게다가 덤으로 '자신이 미처 발견하지 못한 정보'까지 듣고 싶어 합니다. 제가 '우울증이 무엇인지'에 관해 처음부터 설명하기 시작하면 환자는 이미 알고 있는 내용이라며 지루해합니다.

직장인들의 경우에도 마찬가지입니다. 예를 들어, 자동차를 구입하려는 고객은 사전에 얻을 수 있는 모든 정보를 파악한 후에 자동차 딜러에게 찾아옵니다. 요즘에는 각 자동차 회사의 홈페이지에 모든 차종의 장비를 360도 카메라로 볼 수 있는 콘텐츠를 준비하는 등 최대한 많은 정보를 공개하고 있습니다. 고객은 자동차 딜러를 찾아오기 전에 그 정보들을 확실히 손에 넣습니다.

또한 처음 거래하는 회사와 협상할 경우에는 대부분의 사람들이 그 회사에 관해 인터넷으로 철저하게 조사합니다. 상품의 품질, 입소문, 실적, 사훈, 대표의 인사말 등을 일찌감치 파악해둡니다. 인터넷을 통해 이 모든 것을 조사할 수 있습니다.

상대방이 주인공이고, 게다가 그 상대방은 당신의 이야기를 듣고 싶어 하지 않습니다. 이것이 대화를 나누는 데 절대적인 대전제입니다.

모두를 내 편으로 만들고 싶다면, 가장 먼저 당신은 '듣는 사람의 역할에 충실해야 한다'고 확언할 수 있습니다.

19
어떤 태도로 이야기를 들어야 하는가?

'듣는 사람의 역할에 충실해야 한다'고 해서 그냥 멍하니 듣고만 있으면 안 됩니다.

가장 중요한 것은 태도입니다. 예를 들어, '상대방의 눈을 보면서 들으라'고 흔히 말하지만, 꼭 맞는 말은 아닙니다. 상대방의 눈을 너무 뚫어져라 쳐다보면 서로 불편할 뿐입니다. 그러므로 상대방의 입가를 보면서 자연스럽게 시선을 조금 돌리는 것이 좋습니다.

또한 상대방이 조심스럽고 차분한 성격이라면 정면에 앉지 말고 비스듬히 앉아서 상대방이 긴장하지 않도록 배려하는 것이 좋습니다.

어떤 식으로 이야기를 들어야 좋을까?

그리고 '상대방의 이야기에 너무 열중하지 않으면서 듣는다'는 자세도 중요합니다. 정신분석의 전문 용어 중에 '고르게 떠다니는 주의(free floating attention)'라는 말이 있습니다. ==상대방의 이야기를 들을 때는 그 이야기에 너무 열중하지 말고, 상대방의 안색이나 표정 등 다양한 대상에 눈을 돌릴 필요가 있다는 뜻입니다.==

제가 진찰하는 환자 중에는 "저는 힘들지 않아요."라고 말하면서도 표정이 유난히 어둡거나 안색이 나쁜 사람이 있습니다. 또 "기분이 어때요?"라고 물으면 잠깐 의미심장한 공백을 두었다가 "특별히 나쁘지 않아요."라고 짐짓 아무렇지도 않게 대답하는 경우도 있습니다.

이런 환자들은 본인의 말과는 달리 '괜찮은 상태'가 아닙니다. 환자들의 미세한 변화를 깨닫기 위해서는 이야기에 지나치게 열중할 것이 아니라 표정이나 몸짓 등 상대방의 다양한 부분에 주의를 기울일 필요가 있습니다.

특히 말솜씨가 좋은 사람과 대화하다 보면 점점 상대방의 이야기에 빠져들게 됩니다. 그러나 그럴 때도 '이야기에 너무 열중하지 않도록' 스스로 경계하며 냉정한 상태를 유지해야 합니다.

⑳ 6가지 요점에 충족될 때가 바로 말할 타이밍!

'듣는 사람의 역할에 충실해야 한다'고 해서 전혀 아무 말도 하지 않고는 대화가 성립하지 않습니다. 그럼 당신은 어느 타이밍에 이야기하면 좋을까요?

당신이 말해야 할 타이밍은 다음의 6가지입니다.

① 스토리를 전개시킬 때 말한다.
② 상대방의 '잘못된 인식'을 바로잡을 때 말한다.
③ 상대방이 '알지 못하는 정보'를 전달할 때 말한다.
④ 상대방이 '스토리를 파악하지 못할 때' 말한다.
⑤ 상대방이 '대화를 지루해하지 않도록' 하기 위해 말한다.

⑥ '초점을 맞추기' 위해 말한다.

상대방의 이야기에 '너무 열중하지 않도록' 주의하면서 말하는 타이밍을 잡아야 합니다.

① 스토리를 전개시킬 때 말한다.

제1장에서 사전에 대화의 스토리를 세워두어야 한다고 설명한 바 있습니다. 스토리에는 '동기 → 즐거움 → 불안 → 제안'이라는 발단, 전개, 절정, 결말을 담아야 합니다.

자동차를 판매하는 장면에서 스토리는 다음과 같습니다.

- 발단: 동기에 관해(※자동차가 없으면 불편하다. 교통이 불편한 지역에 산다……)
- 전개: 즐거움에 관해(※드라이브, 아이 픽업, 여행……)
- 절정: 불안에 관해(※가격이 비싸다. 유지비가 비싸다……)
- 결말: 제안에 관해(※자동차 추천, 안심감……)

이 상황에서 자동차 딜러의 역할은 발단, 전개, 절정, 결말의 스토리가 원활하게 진행될 수 있도록 타이밍을 맞춰 대화에 끼어들어서 궤도 수정을 해나가야 합니다.

😀 고객 얼마 전에 교통이 불편한 지역으로 이사해서 자동차가 필요해졌어요.

🙂 딜러 자동차가 있으면 확실히 편리하지요.

😀 고객 네, 오토바이를 살까 생각했는데, 비 오는 날도 있을 테니까 역시 자동차가 좋겠더라고요.

🙂 딜러 이제 곧 장마철이니까요.

😀 고객 요즘에 호우도 많이 쏟아졌어요.

🙂 딜러 호우가 쏟아져도 자동차가 있으면 든든하죠.

😀 고객 작년에 비가 많이 내렸을 때는 집 밖으로 한 발짝도 못 나갔어요.

🙂 딜러 그런데 이 근방에 하코네랑 이즈도 가까우니까 드라이브하는 즐거움도 생기지 않을까요?

😀 고객 네, 그렇겠네요. 언제든 훌쩍 다녀올 수 있으니 너무 기대되네요.

이 대화에서는 고객이 '동기' 부분에서 멈춰버렸습니다. 이럴 때는 당신이 '즐거움'에 관한 이야기를 꺼내서 대화의 스토리가 전개되도록 해야 합니다.

이후 '절정: 불안(유지비가 든다는 점)'에 관해 말하고, 고객이 감정 기복을 일으키면 마지막에 '결말: 제안'으로 이야기를 마무리하는 것입니다.

다만 상대방이 동기나 즐거움에 관해 너무 신나게 이야기하고 있다면 섣불리 상대방의 말을 끊어서는 안 됩니다. 상대방의 뇌 안에서는 이야기할 때 분비되는 쾌락 물질이 쏟아지고 있기 때문입니다. 그럴 때 이야기를 차단당하면 상대방은 당신에게 불쾌감을 품게 될 가능성이 있습니다.

② 상대방의 '잘못된 인식'을 바로잡을 때 말한다.

인터넷은 정보를 얻는 데 매우 유익한 도구이지만, 한편으로는 잘못된 정보도 꽤 많이 퍼져 있습니다.

인터넷에는 우울증, 적응장애, 발달장애와 같은 질병에 대한 잘못된 정보도 많이 나돌고 있습니다. 그 정보를 그대로 받아들이고 나서 저를 찾아오는 환자도 많습니다. 그래서 제가 환자에게 말하게 되는 이유 중 대부분은 환자가 알고 있는 잘못된 정보를 바로잡기 위해서입니다.

제가 유튜브 채널을 시작한 이유도 인터넷에 퍼져 있는 정신 건강에 대한 엉터리 정보를 바로잡고 싶었기 때문입니다.

직장인의 업무 장면에서도 상대방이 인터넷의 잘못된 정보를 그대로 받아들여서 문제가 생기는 경우가 많습니다.

🙂 **고객** 새로운 아이폰에는 통화 녹음 기능이 달려 있다고 들었는데요. 그래서 아이폰으로 사고 싶어요.

🙂 **판매원** 고객님, 안타깝지만 아이폰에는 통화 녹음 기능이 포함되어 있지 않습니다. 왜냐하면 통화 녹음이 법으로 금지되어 있는 미국의 사양에 맞춰져 있기 때문입니다. 대신 이 스마트폰에는 통화 녹음 기능이 있고, 아이폰과 성능 차이도 거의 없는데, 이건 어떠세요?

앞에서도 설명했듯이, 고객은 '자신이 찾아본 정보 중에 잘못된 정보는 무엇인지' 알고 싶어서 당신과 대화를 시도하는 것입니다. 그런 만큼 당신이 올바른 정보를 전달하면 고객의 구매 의욕이 높아지고 당신에 대한 신뢰도도 크게 올라갑니다.

③ 상대방이 '알지 못하는 정보'를 전달한다.

상대방은 대화를 통해 '인터넷에서 미처 발견하지 못한 정보'를 알아내고 싶어 합니다. 그 욕구를 충족시키기 위해서는 우선 자신이 취급하는 상품들에 대한 지식을 잘 쌓아두어야 합니다.

예를 들어, 컨설팅 회사에서는 '자사의 컨설팅이 타사에 비해 우수한 점', '컨설팅 제안을 뒷받침하는 근거' 등 컨설팅 서비스에 대한 모든 정보를 파악해두어야 합니다. 이렇게 철저히 준비해두면 고객과 대화를 나누면서 고객이 모르는 정보를 자연스럽게 전달할 수 있습니다.

'고객이 모르는 정보'가 무엇인지 파악하려면 고객이 인터넷에서 어떤 정보를 찾아봤을지 예상하고 그 정보의 내용을 확인해두는 것도 중요합니다.

예를 들어, 프리우스(토요타의 하이브리드 승용차)를 구입하려고 하는 사람은 요즘 인기 있는 전기자동차인 테슬라의 정보도 조사했을 것입니다. 당신이 그 점을 미리 파악해두고 고객과 이야기를 나누면 고객은 '많은 것을 알고 있는 직원이로구나.'라고 감탄하면서 당신에 대한 신뢰도를 높일 것입니다.

〈좋은 예〉

고객 최근에 테슬라가 인기 있잖아요. 이제 곧 전기자동차 시대에 들어설 것 같은데, 그 전에 먼저 하이브리드 차를 타고 싶어서요.

딜러 그러시군요. 분명히 테슬라가 인기 있지만, 아직 일본에서는 급속 충전 인프라가 잘 정비되어 있지 않으니까요. 도쿄에서 고객님 고향인 시코쿠까지 달리려면 상당히 고생하실 거예요. 그러니 하이브리드 차가 좋은 선택이죠.

🙂 **고객** 그렇군요.

어떻습니까? 전기자동차의 현재 상황을 알고 있는 덕분에 대화가 깊어졌습니다.

다만 상대방이 모르는 정보라고 해서 죄다 이야기할 필요는 없습니다. 특히 단점에 관해서는 꼭 전달해야 할 필수적인 사항만 말하면 됩니다. 다음 대화를 살펴보고 자신도 이렇게 말하고 있는 건 아닌지 생각해 보세요.

〈나쁜 예〉

🙂 **고객** 저는 장거리 드라이브를 아주 좋아하는데요, 고카트처럼 운전할 수 있는 미니(mini)를 전부터 갖고 싶었어요.

🙂 **딜러** 든든한 승차감이 아주 좋지요. 다만 연비에 살짝 약점이 있어요.

🙂 **고객** 그런가요?

😀 **딜러** 리터당 10킬로미터 정도거든요. 구매할 때 참고하세요.

😀 **고객** 그렇군요.

이 경우 미니를 원하는 고객은 연비에 대한 불안감을 전혀 느끼지 못하고 있습니다. 그런데 판매자가 먼저 나서서 단점을 이야기해버리면 고객의 구매 의욕이 떨어져버릴 것입니다. 고객이 먼저 연비를 알려달라고 하면 그때 가서 말해도 되는 정보입니다. 위의 예시 같은 대화에서는 굳이 전달할 필요가 없습니다.

④ 상대방이 '스토리를 파악하지 못할 때' 말한다.

말솜씨가 없다고 해서 말을 아껴서는 스토리가 자연스럽게 전개될 수 없습니다. 당신은 대화의 스토리가 원활하게 전개될 수 있도록 방향을 잡아야 합니다.

예를 들어, 방을 찾고 있는 고객과 부동산 중개업자의 대화를 살펴보겠습니다.

😀 **부동산 중개업자** 어떤 물건을 찾으세요?

😀 **고객** 월세 8만 엔 정도의 아파트는 없을까요?

🧑‍💼 **부동산 중개업자** 특별히 원하시는 조건은 있나요?

👩 **고객** 딱히 없는데요.

🧑‍💼 **부동산 중개업자** 혹시 지금 살고 있는 곳에서 불편함을 느끼는 게 있을까요?

👩 **고객** 역 근처라서 좋긴 한데, 욕조가 맘에 안 들어서요.

🧑‍💼 **부동산 중개업자** 그렇군요. 그럼 욕조가 넓은 물건을 제안해드릴게요.

👩 **고객** 네, 잘 부탁드립니다.

이처럼 고객이 스토리의 흐름을 타지 못한다고 판단하면 '동기 → 즐거움'의 순으로 흐름을 탈 수 있도록 대화를 주도해야 합니다.

아니면 다음과 같이 대화를 진행해도 좋습니다.

🧑‍💼 **부동산 중개업자** 지금 살고 계신 곳은 어떤 점이 불편하신가요?

👩 **고객** 딱히 불편한 점은 없는데요.

🧑‍💼 **부동산 중개업자** 월세는 얼마 정도 생각하세요?

👩 **고객** 8만 엔 정도가 좋을 것 같아요.

🧑‍💼 **부동산 중개업자** 그렇군요. 월세 8만 엔이라면 이런 물건

들이 해당돼요(10건 이상의 목록을 보여준다). 가장 가까운 역을 변경하면 더 많은 물건을 찾을 수 있어요.

🧑 고객 너무 많아서 고르기 힘드네요.

👨 부동산 중개업자 그런가요? 그렇다면 휴일은 어떻게 보내는 걸 선호하세요(산책을 좋아한다면 공원 근처를 추천해주기 위해)? 취미 같은 건 있으세요(취미에 따라 이용하는 역이 달라질 수 있기 때문에)?

🧑 고객 흠……. 딱히 취미는 없어요. 휴일도 평범하게 보내고요.

👨 부동산 중개업자 혹시 휴일에 부모님 댁에는 안 가세요?

🧑 고객 아, 그러고 보니 휴일에 사이타마에 있는 본가로 갈 일이 많네요.

👨 부동산 중개업자 그러시군요. 저도 본가가 사이타마인데요. 지금은 세이부선을 타고 출근해요(세이부선 역 근처에 방을 구하는 게 어떨지 알아보기 위해).

🧑 고객 그렇군요. 세이부선이 본가로 가는 데 편리할 것도 같네요(세이부선 근처가 좋겠다고 받아들였다). 영화 보는 것을 좋아하니까 신주쿠에 갈 때도 편리할 것 같아요.

👨 부동산 중개업자 확실히 신주쿠도 편리하게 갈 수 있죠

(세이부선에서 신주쿠로 쉽게 갈 수 있는 역이 어디인지 생각한다). 어떤 영화를 좋아하세요(부동산 이야기만 하면 분위기가 딱딱해지기 때문에 상대방이 좋아하는 화제로 이야기를 전개한다)?

🙂 고객 다양하게 보는데, 마니악틱한 거나 미니시어터 계열을 좋아해요. 무대 인사를 보러도 자주 다니니까 신주쿠에 갈 일은 많아요.

처음에는 대화가 좀처럼 이루어지지 않았지만, 공통점을 발견하면서 긴장이 풀렸습니다. 처음에는 취미가 없다고 하던 고객이 영화를 좋아한다는 사실도 알게 되었습니다. 대화의 실마리를 찾을 수 없는 경우에는 이것저것 물어보는 것도 하나의 방법입니다.

⑤ 상대방이 '대화를 지루해하지 않도록' 하기 위해 말한다.

기본적으로 인간은 이야기를 하면 쾌락 물질이 분비되어 기분이 좋아지지만 그것도 한계가 있습니다. 말을 지나치게 오래 하다 보면 점점 지치고 불쾌해집니다. 노래방에서도 노래를 한두 번 부를 때는 좋지만, 노래를 연속으로 부르라고 하면 점점 질릴 것입니다.

이야기할 때 쾌락을 느끼는 시간은 대략 30초에서 1분 사이입니다. 이야기하는 시간이 1분 30초를 넘어가면 불쾌감이 찾아옵니다. 그러므로 상대방이 불쾌감을 느끼기 전에 당신은 상대방의 말을 요약하면서 대화 사이사이 끼어드는 것이 좋습니다.

인터넷 홍보를 하고 싶어 하는 경영자와 홍보 대행 회사 사원의 대화를 예로 들어보겠습니다.

> **경영자** 인터넷을 활용해서 고객을 모으고 싶은데 잘 안 되네요……. 여러 가지 시도는 하고 있거든요. SNS로는 트위터도 하고, 인스타그램도 하고, 페이스북도 하고요. 뉴스레터도 꾸준히 발행하고 있고요. 광고도 하고 있어요. 홈페이지도 운영하고 있는데, 최근 업데이트 빈도가 조금 떨어진 것 같긴 해요.
>
> **홍보 사원** 네, 고객을 끌어모으기 위한 기본적인 방법은 다 실행하고 계시군요. 그중에서 홈페이지를 활성화하는 게 과제일 수도 있겠네요.

이처럼 당신이 상대방의 말을 받아서 짧게 요약해주면 상대방은 자신의 말을 잘 들어주고 있다는 생각에 안심이 되고 당신에게 신뢰감을 갖게 됩니다.

당신이 상대방의 말을 요약해줌으로써 상대방은 말하기를 잠시 쉬었다가 또다시 기분 좋게 이야기를 시작할 수 있습니다. 이렇게 <u>조금씩 '동기 → 즐거움 → 불안 → 제안'이라는 스토리의 흐름으로 대화를</u> 진행해나갑니다.

그런데 '요약'은 상대방이 모르고 있는 사항을 전달할 때도 효과적입니다.

> 🧑 **경영자** 현재 우리 회사는 ○○와 △△가 과제라고 인식하고 있습니다. 이 두 과제에 대한 개선책 아이디어를 받고 싶어요.
>
> 👩 **홍보 사원** 지금 ○○와 △△라는 과제가 올라왔는데, 전에 귀사와 인터뷰했을 때 □□라는 점도 과제로 파악하고 있다고 말씀하셨습니다. 그 부분은 이미 개선되었나요?
>
> 🧑 **경영자** 아, 그렇군요. 잊고 있었어요. □□도 우리 회사의 약점이라고 할 수 있어요.

이처럼 '요약'은 상대방에게 안심감이나 깨달음을 주기도 하고, 심지어 이야기를 전개하는 데도 효과적입니다.

또한 맞장구를 치는 것도 상대방에게 잠시 휴식의 시간을 주는 효과가 있습니다. 영업 현장에서 자주 사용하는 맞장구는 다음과 같습니다.

"역시 최고네요."
"그렇군요, 몰랐습니다."
"굉장하네요", "대단하네요", "멋지네요."
"센스가 있으시네요."
"그렇군요, 말씀하신 대로입니다."

이런 맞장구는 상대방을 추켜세우는 말입니다. 잠시 쉬면서 칭찬까지 받은 상대방은 다시 스토리의 흐름을 타며 이야기를 시작할 것입니다.

⑥ '초점을 맞추기' 위해 말한다.

상대방이 너무 신나게 말하다 보면 수습하기 힘들 만큼 이야기가 부풀어 오르기도 합니다.

예를 들어, 제가 환자를 진찰할 때 환자가 다음과 같이 호소해오는 경우가 있습니다.

🧑 **환자** 선생님, 저는 이제 죽고 싶다고 생각하고 있거든요. ①살아 있는 게 괴롭고, ②어린 시절에 부모에게서 학대를 받았던 게 잊혀지지 않아요. 게다가 ③직장에서 갑질도 당하고 있어요.

이 사례에서는 죽고 싶은 이유가 세 가지 있는데, 그중 ①은 너무 막연합니다. ②는 과거의 일입니다. 한편 ③은 상사와 상담해서 부서 이동을 할 수 있습니다.

즉 환자의 건강을 되찾기 위해서 가장 먼저 이야기해야 하는 부분은 ③입니다. 그래서 ③에 초점을 맞춰야 합니다.

👨 **의사** 일단 직장에서의 갑질 문제를 해결해 봅시다.

상대방의 이야기가 뒤죽박죽인 경우는 회사 업무인, 고객과의 대화에서도 있습니다. 다음의 예시를 살펴봅시다.

👨 **딜러** 어떤 차종을 원하세요?
🧑 **고객** 자동차는 주로 쇼핑할 때 사용하는데, 아직 망설여져서……, 스포츠카 타입도 좋겠네요. 그래도 비용 면을 생각하면 경차로 해야 할 것 같은데, 원박스카

도 좋아 보이네요, 하하.

🙂 딜러 고민이 많으시겠어요, 하하. 쇼핑할 때 자주 사용하신다면 일단 날렵한 경차로 살펴보시는 건 어떠신가요?

대화는 일반적으로 두 사람 이상이 서로 평등하게 이야기를 진행하는 것이라고 여겨집니다. 사이가 좋은 사람이나 마음이 맞는 사람끼리 하는 대화라면 맞는 말일지도 모릅니다.

하지만 실제 생활에서는 다릅니다. 특히 업무적인 대화에서 당신은 '듣는 역할'에 충실하다가 미리 구축해 놓은 스토리의 흐름을 타고 가끔씩 대화에 끼어드는 자세를 취하는 것이 좋습니다.

정신과 의사는 '듣기'와 '말하기'를 어떻게 훈련하는가?

　제가 학생일 때는 정신과 의사들에게 배우처럼 '듣기'와 '말하기'를 훈련시키지는 않았습니다.

　다만 형식을 갖춰서 '환자 상태 보고'를 하는 교육을 무척 많이 받았습니다. 연구 발표 시에 학술적인 말투로 이야기하도록 지도받은 적도 있습니다.

　환자와 나눈 대화는 진료 기록이나 프레젠테이션 자료로 남겨져서 증례 검토회를 통해 지도 교수님이나 동료 의사들에 의해 평가받기도 했습니다.

　의사는 항상 환자와 대화를 잘 나누기 위해 노력해야 합니다. 하지만 안타깝게도 개원한 의사는 의원을 운영하느라 더 이상 그런 훈련에 신경을 쓸 겨를이 없습니다. 시간과 장소를 확보하기도 어렵고, 어디서 훈련을 받아야 할지도 알 수 없습니다.

　저는 제 유튜브 채널을 통해 말하기 훈련을 꾸준히 하고 있습니다. 아무리 말하기 방법을 잘 알고 있다고 해도 계속해서 사용하지 않으면 잊어버릴 수도 있기 때문에 방송 전에 어떻게 말해야 할지 생각하고 고민한 다음 진행하고 있습니다.

여러분도 이 책을 읽으면서 맞다고 느낀 부분들을 그냥 지나치지 말고, 누군가에게 말할 때 써먹어 보길 바랍니다. 가까운 가족, 친구, 그리고 회사에서 친한 동료들에게 먼저 생각한 다음 이야기해 보세요.

막상 대화할 때 '이렇게 말해야지' 하고 생각은 났지만, 입 밖으로 나오지 않아 고민이라면, 집에서 먼저 소리 내어 연습을 해보세요.

＼ | ／

금속은 소리로 그 재질을 알 수 있지만,
사랑은 대화를 통해서 서로의 존재를 확인해야 한다.

— 발타자르 그라시안

제4장

정신과 의사가 실천하는, 모두 내 편으로 만드는 대화의 기술

21
정신과 의사는 대화로 수술한다

정신과에는 발달장애, 우울증, 불안신경증 등 다양한 질병을 가진 환자들이 방문합니다. 적절한 치료를 시행하기 위해서는 환자에게 자신의 병, 약의 효과, 약의 부작용, 긍정적으로 생각하는 법 등 정신의학과 관련된 다양한 지식을 이해시켜야 합니다.

이때 중요한 것이 '대화'입니다. 대화 외의 방법으로 지식을 전달하는 것은 불가능하기 때문입니다.

외과 의사가 수술로 질병이나 부상을 치료하듯이, 정신과 의사는 대화로 질병을 치료합니다. 그렇기 때문에 정신과 의사는 다양한 대화 기술을 지니고 있습니다.

이번 장에서는 정신과 의사의 대화 기술을 응용해서 회사 업무와 실생활에 활용하는 방법을 설명하겠습니다. 특히 성별에 따른 대화법, 상대방을 배려하는 대화법 등을 익혀두면 적을 만들지 않기 때문에 사회생활을 하는 데 유리할 수 있습니다.

㉒
성별에 따라 대화도 바뀌어야 한다

환자들을 자주 대하다 보니, 성별에 따라 '선호하는 대화'가 따로 있다는 사실을 실감하게 되었습니다.

남성이 선호하는 대화는 문제 해결과 논의입니다. 구체적으로 남성은 '문제 추출 → 일반화 → 해결과 논의'라는 식으로 대화를 진행하면 대화의 흐름이 좋아집니다.

상사와 부하의 대화로 살펴보겠습니다.

🧑 **남성 부하** 최근에 일에 대한 열정이 사그라진 것 같아서……, 어떻게 해야 좋을지 고민입니다.

👨 **상사** 그 원인이 뭔지 스스로 짐작하는 게 있나?

🙂 **남성 부하** 다른 부서 쪽 일을 해보고 싶긴 합니다.

😐 **상사** 설마 새로운 프로젝트를 하고 싶다는 거야?

🙂 **남성 부하** 네……. 실은 그렇습니다.

😐 **상사** 그렇군. 자네는 이 부서에 4년이나 있었으니까 그런 마음을 가질 만하지. 일단 이 부서 내에서 새로운 프로젝트를 짜보는 건 어때?

🙂 **남성 부하** 네, 고맙습니다!

이렇게 남성과 대화할 때는 상대방의 이야기를 들으면서 어떤 문제가 있는지 파헤치고, 그 문제를 일반화해서 해결책을 논의하는 것이 중요합니다.

그런데 이런 대화 방식을 여성에게 그대로 적용한다면 어떻게 될까요?

여성은 '앎의 고통'을 견디는 힘이 아무래도 남성보다 약한 경향이 있는 것 같습니다. '앎의 고통'이란 새로운 지식을 접했을 때 느끼는 불안이나 괴로움을 말합니다. 모르는 것을 지적받았을 때의 창피함, 기존 개념을 전환해야 하는 성가심 등의 불쾌한 감정도 포함합니다.

그렇기 때문에 문제점만 추출해서 대화하게 되면 '앎의 고통'을 견디지 못할 수도 있습니다. 다독여주는 말을 꼭 곁

들여서 대화에 임하는 것이 좋습니다.

물론 남성 중에서도 '앎의 고통'을 견디는 힘이 약한 사람이 있습니다. 하지만 대부분의 남성은 '앎의 고통'을 느끼는 데 매우 둔감합니다.

대화 상대방이 여성일 경우에는 상대방에 대한 공감과 긍정도 중요합니다. 구체적으로는 '장점과 감정의 추출 → 공감 → 자신의 입장에서 스토리를 다시 이야기하기'라는 흐름이 됩니다.

예를 들면, 다음과 같습니다.

😊 **여성 부하** 최근에 일에 대한 열정이 사그라진 것 같아서……, 어떻게 해야 좋을지 고민입니다.

😮 **상사** 그 기분 잘 알지. 나도 그랬을 때가 있었으니까.

😊 **여성 부하** 그러셨어요?

😮 **상사** 사람이라면 누구나 다 그렇지.

😊 **여성 부하** 이해해주시다니 기분이 좋네요.

😮 **상사** 그럴 때 나는 새로운 프로젝트를 제안해서 의욕을 높이려고 하지. 어때? 새로운 프로젝트를 한번 짜보는 건?

😊 **여성 부하** 네, 한번 해볼게요. 고맙습니다.

이처럼 상대방이 여성인 경우에는 먼저 공감부터 해야 합니다. 그런 다음 장점이나 감정을 추출해서 '나 같으면 이렇게 할 거야.'라는 식으로 말하면 대화의 흐름이 좋아집니다.

23
자신의 '지금 상태'를 냉정하게 파악한다

정신의학에서는 상대방의 이해를 높이기 위해 심리학적인 접근도 합니다. 이때 다양한 모델을 사용하는데, 그중 하나가 'PS자리와 D자리'입니다.

PS자리(Paranoid-Schizoid Position, 편집-분열적 자리)는 '에너지를 발산하고 있는 상태'를 말합니다. 그러므로 소비적이고 쾌락적인 상태입니다.

언뜻 생각하기에 PS자리는 좋은 심리 상태인 것처럼 보이지만, 자신을 냉정하게 바라볼 수 없는 상태이기도 합니다. 그 때문에 생각지도 못한 발언(실언)을 해버릴 위험성도 있는 상태입니다.

PS자리의 반대편에는 D자리가 위치합니다.

D자리(Depressive Position, 우울 자리)는 '기분을 내면에 쌓아두고 있는 상태'를 말합니다. 의학적으로는 '억울 상태'라고 합니다.

사실 사람은 누구나 PS자리와 D자리를 끊임없이 오가고 있습니다. 우울증 환자는 D자리에 머무르는 경향이 강하며, 두 자리를 오가는 정도도 사람마다 다르지만, '어느 한쪽에만 머무르는 사람'은 없습니다.

만약 당신이 대화를 하다가 PS자리로 심리 상태가 바뀌었다면 상대방은 어떻게 생각할까요? PS자리로 가버린 당신이 생각지도 못한 말을 함부로 해버려서 상대방은 당신에게 부정적인 이미지를 품을 위험성이 있습니다.

'아무 생각 없이 말이 튀어나온다'고 자각하는 순간, 스스로 D자리로 이동해야겠다고 의식하는 것이 중요합니다. 그래야 자연스럽게 냉정한 상태로 돌아갈 수 있습니다.

덧붙여, 평소에 자신이 PS자리와 D자리 중 어느 쪽에 더 오랫동안 머무르는지 생각해보면 자신을 이해하고 냉정함을 유지하는 데 도움이 됩니다.

column
영유아와 정신과 환자의 공통점

　PS자리와 D자리는 멜라니 클라인(Melanie Klein, 1882~1960)이라는 오스트리아의 여성 정신분석가가 제창한 개념입니다.

　어린 아이들에게 있어서 세상은 좋은 것과 나쁜 것, 이렇게 이분화되어 있습니다. 좋은 사람 혹은 나쁜 사람과 관계를 맺으며 다양한 모습의 자기 자신을 새롭게 자리매김해 나갑니다. 클라인은 영유아들이 어떤 방식으로 내재화된 대상 및 외부 대상과 관계를 맺는지 설명하기 위해 자리개념을 사용하였습니다.

　조금 더 자세히 설명하자면, 영유아들이 단편적으로 얻을 수 있는 정보를 그대로 유지하고 혼란과 불안 속에서 도움을 청하는 모습을 조현병의 편집-분열 상태와 같은 메커니즘이라고 생각하고, 그것을 PS자리라고 불렀습니다.

　반대로 영유아들이 단편적으로 얻을 수 있는 정보를 추상적으로 통합해나가는 모습을 불안과 우울에 맞서 정신적으로 성숙해가는 메커니즘이라고 생각하고, 그것을 D자리라고 불렀습니다.

　물론 이것은 과학적으로 증명된 메커니즘이 아니라, 정신

분석 상담을 하는 사람들 사이에서만 통하는 이론입니다.

영유아와 정신질환 환자의 마음을 동일하게 생각했다는 것이 어찌 보면 기묘합니다. 그런데 실제로 임상에서 환자를 만나보면 그렇게 생각할 수도 있겠다는 느낌도 듭니다.

클라인의 통찰은 프로이트의 '대상 관계' 이론과 깊은 연관성을 가지고 있으며, 프로이트의 막내딸인 안나 프로이트와는 대립되는 관계로 논쟁을 벌이기도 했습니다.

특히 클라인은 어린이들의 정신 치료에 있어 놀이 치료를 최초로 도입하기도 했습니다. 혹시 멜라니 클라인에 관하여 궁금하시다면 관련된 내용을 좀 더 찾아보길 바랍니다.

㉔ 전문 용어나 어려운 말을 절대 사용하지 않는다

비즈니스 현장에서는 업종마다 전문 용어가 넘쳐납니다.

예를 들어 IT 업계에서는 '어사인', '론치', '에비던스', '크리티컬', '커밋'…… 같은 말들이 귀에 들어옵니다.

제가 몸담고 있는 정신의학 분야에서도 전문 용어의 향연이 벌어집니다. '외상 후 스트레스 장애(PTSD)', '아스퍼거 증후군', '무쾌감증' 같은 말들입니다.

제가 환자를 대할 때는 이런 전문 용어를 최대한 사용하지 않으려고 노력합니다. "마음의 병은 뇌의 병이고, 뇌의 병이니까 약이 필요합니다."라는 식으로 누구나 이해할 수 있는 말만 씁니다. 왜냐하면 전문 용어를 사용해버리면 환자에게 전달하고 싶은 말을 제대로 전하지 못하기 때문입니다.

예를 들어, PTSD는 최근에 널리 알려진 말이지만, 그래도 저는 더 알기 쉽게 '마음에 커다란 상처를 입으면 이후에도 꾸준히 마음의 고통을 겪게 되는 심적 반응입니다.'라고 풀어서 설명합니다.

비즈니스 현장에서도 상대방이 일반인이나 다른 업계 사람이라면 전문 용어를 절대 사용해서는 안 됩니다. 상대방이 이해할 수도 없고, 자칫 상대방의 기분을 해칠 수도 있기 때문입니다.

구체적인 대화로 살펴보겠습니다.

〈당신은 IT 업계에서 일하고, 상대방은 생선 가게에서 일하는 경우〉

😀 고객 건어물 신상품이 나왔는데, 이번에 온라인으로 판매하고 싶어요.

🙂 당신(IT 업계) 그러시군요. 그 전략에 전면적으로 커밋하겠습니다!

'커밋'은 'commitment'를 줄여서 부르는 말이고, '책임을 지다', '진지하게 임하다'라는 뜻입니다. 요컨대 당신은 '좋은 결과를 내기 위해 최선을 다하겠습니다!'라고 선언했지만,

상대방에게는 그 뜻이 전달되지 않았습니다. 오히려 고객은 '이 친구는 왜 엉뚱한 소리를 하는 걸까?'라고 생각했을 수도 있습니다.

전문 용어를 많이 사용하는 직장인은 스스로 멋지다고 생각할지도 모르지만, 상대방에게는 '허세를 부린다'거나 '실속이 없다'는 이미지를 줄 수 있습니다.

앞의 대화를 평범한 말로 바꾸면 다음과 같습니다.

🧑 **고객** 건어물 신상품이 나왔는데, 이번에 온라인으로 판매하고 싶어요.

👤 **당신(IT 업계)** 그러시군요. 그 전략에 전면적으로 협력하겠습니다!

이처럼 평범한 말로 대화해야 말하는 의도가 상대방의 마음에 제대로 전달되기 때문에 상대방에게 호감을 줄 수 있습니다.

25
상대방의 뇌 처리 속도와 작업 기억 용량에 맞춘다

'운동 신경이 좋은 사람/나쁜 사람'이라는 말을 많이들 합니다. 야구공을 잘 받는 사람도 있고, 잘 받지 못하는 사람도 있습니다. 달리기가 빠른 사람도 있고, 느린 사람도 있습니다.

이와 마찬가지로 지적 능력도 사람마다 차이가 있습니다. 지적 능력의 차이에 관해서는 공개적으로 이야기할 만한 화제가 아니기 때문에 별로 표면화될 일이 없습니다. 그러나 대화 능력을 기르기 위해서는 지적 능력의 차이를 잘 알아야 합니다.

혹시 당신은 자신의 이야기를 상대방이 이해해주지 못해서 답답함을 느낀 적이 있습니까? 아니면 상대방의 이야기를 들으면서 '너무 어렵게 설명한다'고 짜증을 낸 적이 있습니까?

이런 현상은 모두 자신과 상대방의 지적 능력이 달라서 발생하는 일입니다.

지적 능력의 차이가 사람의 우열을 가리는 요소가 아니라는 점을 먼저 알아두어야 합니다. 운동 신경의 좋고 나쁨으로 그 사람의 가치가 정해지지 않듯이, 지적 능력의 차이가 사람의 우열을 가리지도 않습니다.

지적 능력에는 다양한 종류가 있지만 대화할 때 영향을 끼치는 것은 다음의 두 가지입니다. 그것은 뇌 처리 속도(머리 회전이 빠르다/느리다)와 작업 기억 용량(한 번에 기억할 수 있는 양)입니다.

예를 들어, 상대방의 뇌 처리 속도와 작업 기억 용량이 당신보다 떨어지는 경우, 당신이 한 번에 A와 B와 C를 이야기해도 상대방은 A와 B만 혹은 A만 기억할 수 있습니다. 상대방은 당신의 이야기를 온전히 이해하고 싶어도 이해할 능력이 없는 것입니다.

다음과 같은 대화를 예로 들 수 있습니다.

🙂 **당신** 이번 파손 사고는 검품 오류뿐 아니라, 열악한 포장

과, 택배사와의 관계성이 옅어지는 등의 문제가 겹쳐서 일어났는데, 어떻게 생각하나요?

🙂 **상대방** 검품을 잘해야 한다고 생각합니다.

🙂 **당신** 그러니까 전체적으로 공정을 재검토해야 한다고 말을 하고 있잖아요!

상대방의 지적 능력은 실제로 대화를 나누면서 파악할 수 있지만, 자신의 말을 상대방이 '이해한 척'하는 경우에는 파악하기 쉽지 않습니다. 이럴 때는 상대방의 나이로 미루어 짐작할 수도 있습니다. 나이가 들수록 지적 능력이 서서히 떨어지기 때문입니다.

그럼 '상대방의 지적 능력이 부족하다'고 판단하면 어떻게 해야 할까요? 앞에서 말한 것처럼 이런 사람은 한 번에 'A와 B와 C'를 이야기해도 그 일부만 이해할 수 있습니다.

따라서 당신은 A와 B와 C를 한 번에 이야기하지 말고, 하나씩 이야기하며 이해시켜야 합니다.

예를 들면 다음과 같습니다.

🙂 **당신** 이번 파손 사고는 검품 오류가 커다란 원인이죠.

🙂 **상대방** 네, 지시대로 검품하는 걸 소홀히 했습니다.

뇌 처리 속도와 작업 기억 용량

뇌 처리 속도 = 컴퓨터의 CPU

어려운 문제를 빠르게 푼다.

뇌 처리 속도가 빠른 사람에게는 빠르게 이야기한다.

뇌 처리 속도가 느린 사람에게는 느리게 이야기한다.

작업 기억 용량

한 번에 많을 것을 기억할 수 있다.

작업 기억 용량이 큰 사람에게는 한 번에 전달한다.

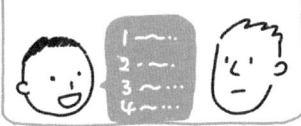

작업 기억 용량이 작은 사람에게는 메모를 보여주면서 전달한다.

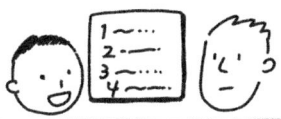

🤨 당신 포장도 약간 엉성했을 수도 있어요.

😐 상대방 매뉴얼대로 포장하긴 했는데······. 그 매뉴얼을 더 상세하게 만들어보겠습니다.

🤨 당신 그리고 회사 전체적으로 택배사와의 관계도 개선해야 할 것 같아요.

😐 상대방 알겠습니다.

그런데 상대방의 지적 능력이 높은 경우에는 하나씩 이야기하면 상대방이 짜증을 낼지도 모릅니다. 그런 경우에는 'A와 B와 C'를 한 번에 이야기한 후, 또 'D와 E와 F'를 한 번에 이야기하는 식으로 신속하게 대화를 진행하는 것이 좋습니다.

모든 사람은 논리적, 비판적, 대국적으로 생각하는 힘이 비슷하기 때문에 머리 회전 속도가 다소 떨어진다 할지라도 내용을 정확히 전달하기만 하면 상대방은 반드시 이해해줍니다.

일상생활에서는 상대방의 말을 왜곡해서 듣는 경우도 많습니다. 이야기한다고 다 통하는 것은 아닙니다.

환자를 대하다 보면 '말해도 통하지 않는 일'이 태반입니다. 그래서 '왜 많은 사람이 말하면 통한다는 것을 전제로 이야기하는지' 오히려 의아할 정도입니다. 저는 환자를 진료할 때 당연히 오해가 생긴다는 것을 전제로 대화합니다.

㉖
상대방의 말을 재구성하면서 이야기한다

대화할 때 순서 없이 생각나는 대로 말을 쏟아내는 사람이 있습니다. PS자리에 있는 사람들도 냉정함을 잃고 말하기에만 열중하기 때문에 그런 경향이 나타납니다.

그런 사람은 '이야기의 핵심'이 무엇인지 미처 정리하지 못합니다. 그래서 당신이 그런 사람의 말을 들으면 다시 정리해서 재구성해주는 것이 좋습니다.

의사와 환자의 대화를 예로 들어보겠습니다.

🧑 **환자** 저는 ⓒ컨디션이 안 좋고, ⓑ두통이 심합니다. 건망증도 늘었고 잠도 잘 못 자요. 요즘에는 ⓐ일을 못

한다고 상사한테 혼났어요. ⒷP식욕도 없고요······.

🧑‍⚕️ **의사** Ⓐ상사한테 혼난 것 때문에 Ⓑ몸과 마음에 이상이 생겨서 Ⓒ컨디션이 안 좋아지셨군요.

이 예에서는 환자가 'C → B → A → B'의 순서로 말한 내용을 의사가 'A → B → C'라고 재구성해서 더 매끄러운 이야기를 만들어냈습니다. 재구성은 새로운 말로 바꾸거나 부족한 말을 보완해서 더욱 조리 있는 이야기로 만드는 기술입니다.

😷 **환자** 저 요즘에 몸 상태가 안 좋고 우울해요. 일을 못한다고 상사한테 혼났어요. 한 시간이나 꾸중을 들었어요······.

🧑‍⚕️ **의사** 상사에게 직장 내 갑질을 당해서 우울해지고 몸 상태도 안 좋아지셨군요.

'혼나고 꾸중 들었다'는 말을 '갑질을 당했다'는 말로 바꾸자 이야기가 더 잘 통하게 되었습니다. 환자 중에는 자신이 당한 일을 '갑질'이라고 말해주는 사람이 주변에 없어서 자신의 상황을 제대로 이해하지 못하는 경우가 많습니다.

몸과 마음이 피폐해지고 혼란스럽다 보니 '모두 본인의 잘못'이라고만 생각하고 갑질을 당했다고 자각하지 못하는 경우가 허다합니다. 신기한 일이지만 그만큼 혼란스럽다는 증거입니다.

㉗
부정적인 말을 긍정적으로 바꿔서 되돌려준다

대화 속에서 부정적인 말이 난무하면 그 대화는 제대로 이루어지지 않습니다.

예를 들어, 당신의 동료가 부하에 대해 험담을 한다고 합시다.

🧑 **동료** 그 녀석은 일머리가 전혀 없어. 다 서툴러.
👨 **당신** 그렇군.

상대방의 부정적인 말을 그대로 긍정하고 넘어가버리면 이야기는 앞으로 나아가지 않습니다. 기껏해야 '그 부하를

자르겠다'거나, '부하에게 일을 맡기지 말아야겠다'는 등의 부정적인 결론밖에 내릴 수 없습니다.

그래서 상대방의 부정적인 말을 긍정적으로 바꿔서 되돌려주는 것이 중요합니다.

- 😠 **동료** 김대리는 일머리가 전혀 없어. 다 서툴러.
- 😊 **당신** 아니야, 김대리는 기본에 충실하고, 꾸준히 노력하는 것 같아. 김대리의 장점을 좀 살려주면 어떨까?
- 😠 **동료** 그렇긴 하지. 내가 너무 감정적으로만 얘기했나 보네. 미안.

이렇게 '일머리가 없다'를 '기본에 충실하다'로 바꾸고, '서투르다'를 '꾸준히 노력한다'로 바꾸는 식으로 부정적인 말을 긍정적으로 변환하면 대화가 긍정적인 방향으로 나아갈 수 있습니다.

사실 부정적인 말은 모두 긍정적으로 바꿀 수 있습니다.

예를 들면 다음과 같습니다.

- 사교성이 없다 → 냉정하고 침착하다
- 뻔한 일 → 필수적인 일

- 시끄럽다 → 활기 넘친다
- 침착성이 없다 → 활동적이다
- 딱딱한 성격이다 → 예의 바르다
- 고집이 세다 → 자기 의견을 확고히 주장한다
- 완고하다 → 굳은 의지가 있다
- 계획성이 없다 → 직감력과 행동력이 있다
- 산만하다 → 여러 가지 일을 동시에 할 수 있다
- 일하는 속도가 느리다 → 일을 꼼꼼히 한다
- 집요하다 → 끈기가 있다
- 배짱이 없다 → 신중하다
- 간섭을 잘한다 → 주변에 신경을 많이 쓴다
- 무모하다 → 결단과 행동이 빠르다
- 우유부단하다 → 생각이 깊다
- 원칙을 너무 따진다 → 논리적이다

부정적인 발언을 들으면 그 발언 자체에 주목하지 말고, 다른 시각에서 긍정적인 대답을 하는 것도 좋은 방법입니다. 비즈니스 현장에서의 대화로 살펴보겠습니다.

😀 **고객** 전기자동차를 갖고 싶은데, 충전 설비 인프라가 정

비되어 있지 않다는 게 고민이에요.

🙂 딜러 충분히 고민할 만하세요. 하지만 기름값이 오르고 있는 요즘 상황에서는 전기자동차의 장점도 상당히 커지고 있어요.

고객은 '충전 설비가 적다'는 단점을 말했지만, 딜러는 그 사실을 인정하는 한편으로 휘발유 가격 인상을 이야기하면서 전기자동차의 장점을 긍정적으로 언급했습니다.

column
정신과 의사의 말을 긍정적으로 바꾸는 기술

정신과에서는 환자의 부정적인 표현을 의사가 긍정적인 표현으로 바꿔서 다시 말함으로써 낙관적으로 생각할 수 있도록 유도합니다.

예를 들어, 다음과 같은 방식입니다.

환자 다 제 잘못이지요. 업무 준비를 더 잘해야 했었는데…….

의사 아뇨, 환자분 잘못이 아니에요. 상사의 지시가 잘못된 거예요. 그 일은 누가 했어도 실패했을 거예요.

혹은 다음과 같이 실패라는 말까지 바꿔서 이야기합니다.

환자 다 제 잘못이지요. 일을 잘 못하니까…….

의사 환자분 잘못이라기보다는 병 때문에 일을 못하는 거예요. 그러니까 병이 나으면 일도 잘할 수 있을 거예요.

또한 성공을 순수하게 기뻐하지 못하는 사람에게는 다음과 같이 성공을 기뻐할 수 있도록 말을 바꿉니다.

환자 이번에는 어쩌다 보니 일을 잘 마무리했지만, 다음 번에는 실패할까 봐 불안해요.
의사 그렇지 않아요. 그동안의 노력이 결실을 맺었다고 생각합니다. 그동안 열심히 일했잖아요.

낙관적·긍정적으로 생각할지 비관적·부정적으로 생각할지는 받아들이기에 달려 있습니다. 기본적으로 낙관적·긍정적으로 생각하는 편이 몸과 마음의 건강에도 좋고, 주변 사람들과의 관계도 좋게 바꿀 수 있습니다. 또한 업무나 일에서 성공으로 이어질 수 있습니다. 그러므로 평소에 의식적으로 긍정적인 말을 많이 사용하도록 노력해야 합니다.

column
'있는 그대로' 받아들인다

'있는 그대로'를 받아들이는 것은 카운슬링의 기본적인 기법입니다.

나를 좋아해주는 사람만 있으면 좋겠지만, 세상에는 심술궂은 사람, 성격이 나쁜 사람, 남에게 공격적인 사람이 엄연히 존재합니다. 타고난 성격일 수도 있고, 성장 환경의 영향을 받아 그렇게 된 사람도 있습니다.

그런 사람들이 동서고금을 막론하고 존재하는 이유는 그런 성격도 이따금 우리 인류에게 필요하기 때문이라는 설이 있습니다. 혹독한 환경에서는 그런 성격의 사람이 살아남을 확률도 높습니다. 인류는 다양한 존재의 집합이므로, 언뜻 이상해 보이는 존재도 영원히 사라지지 않을 것입니다.

만약 주변에 심술궂은 사람이 있다면, 그 사람에게서 멀리 벗어나는 게 상책입니다. 그런 사람을 미워하느라 에너지를 낭비할 필요가 없습니다. 굳이 미워하지 말고 있는 그대로 받아들이는 것도 때로는 필요합니다.

28
상대방에게 새로운 관점을 보여주는 대화 기술 3가지

'메타인지'라는 말이 있습니다. '자신이 무엇을 알고 무엇을 모르는지에 관해 한 단계 고차원의 수준으로 인식하고 자신을 제어하는 힘'을 뜻합니다. 메타인지의 수준을 올리면 '높은 관점'과 '넓은 시야'를 가질 수 있습니다.

상대방의 메타인지 수준을 올리는 데는 대화가 매우 효과적인 수단입니다. 대화를 통해 다른 관점, 선택지, 세계관을 제시함으로써 상대방은 자신을 냉정하게 다시 바라볼 수 있게 됩니다.

예를 들면 다음과 같습니다.

🙂 **상대방** 내 주변에는 보수적인 사람밖에 없어서 옛날 방식대로 하지 않으면 혼나요.

😀 **당신** 지역 문화가 원래 그런 면이 있지. 새로운 도전을 하고 싶다면 다른 지역으로 옮기는 게 좋아.

🙂 **상대방** 그렇군요. 다른 지역으로 옮긴다는 선택지도 있는데 생각하지 못했네요.

상대방의 이야기를 듣고 '다른 지역으로 옮긴다'는 새로운 선택지를 제시함으로써 상대방에게 깨달음을 줄 수 있었습니다.

비즈니스 현장의 예는 다음과 같습니다.

🙂 **상대방** 회사 상사한테서 별것도 아닌 일에 불합리하게 야단맞았는데, 부모님한테 말했더니 '다 너를 생각해서 혼낸 거야.'라고 하더라고요. '그럴 수도 있겠다'고 생각하기로 했어요.

😀 **당신** 아니, 그게 '직장 내 괴롭힘'의 시작일 수도 있어요. 회사 총무부나 고용노동부에 가서 상담하는 게 좋겠어요.

'상사에게 불합리하게 야단맞았지만 어쩔 수 없다'는 발언을 듣고 '직장 내 괴롭힘'이라는 말을 곁들여 또 다른 세계관을 제시하고 있습니다.

영업 활동에서도 다른 관점, 선택지, 세계관을 제시하는 것은 효과적입니다. 상대방에게 넓은 시야를 갖게 하면 계약을 맺을 가능성이 높아집니다.

무인 계산대 영업 사원과 고객인 가게 운영자의 대화를 예로 들어봅시다.

영업 사원 무인 계산대는 앞으로 널리 쓰이게 될 겁니다. 꼭 검토해주시기 바랍니다.

고객 그래도 사람을 쓰는 게 더 싸게 먹힐 것 같은데.

영업 사원 고객님, 사람은 언제 그만둘지 모른다는 리스크가 있습니다. 구인 광고를 하는 데도 비용이 들고, 채용 후에 교육하는 데도 상당한 수고가 필요합니다. 감염증 때문에 남들과 접촉하는 것을 꺼리는 사람도 많아졌습니다. 그 부분도 종합적으로 생각해보십시오.

고객 아, 그럴 수도 있군. 무인 계산대의 장점이 크다고 할 수 있겠네.

이처럼 상대방이 넓은 시야를 갖도록 다른 관점, 선택지, 세계관을 제시하면 상대방은 그 상품이나 서비스에 대해 새로운 시각으로 바라볼 수 있습니다.

column
정신과 의사는 어떻게 메타인지를 익히는가?

먼저 '메타인지'는 자신의 인지적 활동에 대한 지식과 조절을 의미합니다. 내가 무엇을 알고 모르는지에 관해 아는 것에서부터 자신이 모르는 부분을 보완하기 위해 계획을 세우고 그 계획의 실행 과정을 평가하는 것에 이르는 것까지를 의미합니다.

메타인지 능력이 뛰어난 사람은 자신의 사고 과정 전반에 대한 이해와 평가가 가능하기 때문에 어떤 것을 수행하거나 배우는 과정에서 어떠한 구체적 활동과 능력이 필요한지 알고, 이에 기초해서 효과적인 전략을 선택해서 적절하게 사용할 수 있습니다.

그런데 왜 정신과 의사에게 메타인지는 필요할까요?

우선 우리 뇌가 현실을 있는 그대로 관찰할 수 없다는 사실을 알아야 합니다. 쉽게 말해, 선입견 없이 세상을 바라볼 수 없다는 뜻입니다.

예를 들어, 젊은 사람이 '우울하다'고 말해도 '우울한 게 아니라 그냥 게으른 거 아닐까?'라고 의심하기 십상입니다. 그러면 우리는 객관적으로 그 사람을 마주하고 있다고 할 수 없습니다. 그저 자신의 젊었을 적 기억에만 기대어 고정관념에 빠진 채 그 사람을 바라보고 있을 뿐입니다.

그런 선입견에서 벗어나기 위해 메타인지가 필요합니다. 자신이 지니고 있는 추측과 감정을 객관적으로 인식하고 편견을 배제해서 상대방을 관찰하면 상대방과 냉철하게 마주할 수 있습니다.

그럼 메타인지를 익히려면 어떻게 해야 할까요? 역시 제삼자로부터 적절한 평가를 받는 것이 좋습니다.

연애 상담이 좋은 예입니다. 연인 사이는 결코 냉정할 수 없기 때문에 서로의 진의를 좀처럼 파악하기 힘듭니다. 그럴 때 친구나 신뢰할 수 있는 제삼자와 상담하면 객관적인 의견을 들을 수 있습니다.

업무에서도 마찬가지입니다. 자신이 기획하고 있는 프로젝트를 상사나 동료에게 상담하고 의견을 들으면, 자신의 계획이 얼마나 엉성한지 깨달을 수도 있습니다. 그렇게 제삼자와 꾸준히 교류하다 보면 메타인지가 서서히 몸에 배게 됩니다.

그 외에도 다양한 문화, 역사, 과학, 사상을 공부함으로써 메타인지를 익힐 수 있습니다. 다양한 일을 직접 체험해보는 것도 메타인지의 수준을 높일 수 있는 좋은 방법입니다.

핵심은 여러 사람들과 마주하고 끊임없이 대화하는 것입니다. 배우면서 생각하고, 생각하면서 배워야 합니다. 그리고 제삼자로부터 피드백을 받으면서 생각의 범위를 확장해 나가는 것이 매우 중요합니다.

정신과 의사는 어떻게 메타인지를 익힐까요?

의사는 논문, 의국 컨퍼런스, 슈퍼비전, 증례 검토회, 학회 발표, 전문가끼리의 무심한 일상 대화 등 다양한 기회를 통해 제삼자로부터 의견을 구합니다. 이런 일상적인 습관을 통해 메타인지가 자연스럽게 몸에 뱁니다.

정신의학을 중심으로 심리학, 뇌과학, 과학, 철학, 역사를 공부하고, 그 외에 환자들이 살아가는 환경과 사회 정세를 공부합니다. 여러 가지 학문을 배움으로써 대국적으로 사물을 파악하는 메타인지의 힘이 향상됩니다.

물론 배운 것을 실천하는 것도 매우 중요합니다.

배우면서 생각하고, 생각하면서 배운다

다양한 사람과 대화하고
평가를 받으면서
<u>스스로</u> 생각한다.

온갖 학문을 공부하고,
여러 가지 관점으로
생각하는 습관을 들인다.

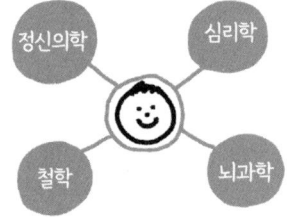

균형이 중요하다!!

29
본론으로 들어가기 전에 '잡담'을 한다

　대화의 스토리를 철저히 준비해두었더라도 대화하는 상대방과의 '신뢰 관계'가 옅으면 대화를 좀처럼 원활하게 진행할 수 없습니다. 그러므로 상대방과의 관계를 최대한 친밀하게 만들어두어야 합니다.

　평소에도 상대방의 신뢰를 얻기 위해 노력해야겠지만, 대화에 들어가기 직전에도 신뢰를 얻는 것이 중요합니다. 이때 필요한 것이 잡담입니다. 잡담은 본론에 들어가기 전에 시행하는 느슨한 커뮤니케이션이라고 할 수 있습니다.

　요새는 잡담을 능숙하게 하는 사람이 적어지고 있습니다. 직장에서도 퇴근 시간이 되면 다들 곧장 귀가하기에 바쁘고,

쉬는 시간에도 모두 말없이 스마트폰만 바라보기 때문에 잡담 능력을 높일 기회가 거의 없습니다.

또한 공통의 화제도 적어지고 있습니다. 얼마 전까지만 하더라도 텔레비전이 안방의 왕이었던 시기에는 공통의 화제가 텔레비전에서 나왔습니다. "어제 그 프로그램 봤어요?"라는 식의 대화가 성립할 수 있었습니다.

하지만 지금은 텔레비전을 보지 않고, 각자 스마트폰으로 자신이 좋아하는 뉴스나 동영상만 보게 되었습니다. 자신의 관심사가 아니면 딱 차단해버리는 시대인 것입니다.

그런 시대에 잡담 능력이 있는 사람은 굉장히 눈에 띄는 존재가 됩니다. 말솜씨가 뛰어나다는 것은 곧 신뢰를 얻기 쉽다는 뜻입니다.

그렇다면 잡담 소재는 어떻게 찾아야 할까요? 사실 무슨 소재든 상관없습니다. 잡담은 느슨한 커뮤니케이션을 위한 것이기 때문에 쉽게 맞장구칠 수 있는 내용이라면 무엇이든 괜찮습니다.

여기에서는 거래처 직원과의 잡담을 예로 들어보겠습니다.

😀 **당신** 회사 근처에 벚꽃이 활짝 피었네요.
😀 **상대방** 그러네요. 올해도 예쁘게 피었네요.

🙂 **당신** 어제는 야마나시에 갔었는데, 복숭아꽃이랑 벚꽃이 어우러져 핀 게 장관이었어요.

🙂 **상대방** 아, 복숭아꽃도 이 시기에 피는군요.

이 예시처럼 하나의 소재가 떠오르면 그 소재와 관련된 일화를 몇 가지 준비해서 잡담을 시작하면 됩니다.

다만 험담이나 음담패설, 종교·정치에 관한 화제는 꺼내지 말아야 합니다. 상대방이 불쾌해 할 수 있기 때문입니다.

잡담을 몇 분 동안 하고 서로의 마음이 편안해지면 본론으로 들어갑니다.

㉚ 문제 대부분 정답이 존재한다

 가게에서 점원에게 상품에 관한 질문을 했는데, 점원이 '취향에 따라 고르면 된다'는 말을 하는 경우가 있습니다. 그런 말을 들으면 왠지 석연치 않은 기분이 듭니다.
 예를 들어, 다음과 같은 대화입니다.

> 고객 아이폰을 사고 싶은데, 최신 기종으로 살지, 한 달 전 기종으로 살지, 고민이에요.
> 점원 카메라 성능이 약간 다르지만, 일상적으로 사용하기에는 큰 차이가 없어요. 취향에 따라 고르세요.

이 점원은 새로운 기종과 이전 기종이 그다지 차이가 없다고 말했습니다. 즉 '판단 기준이 될 만한 정답이 없다'고 말한 것입니다.

하지만 차이가 없을 리가 없지요. 이 예시에서는 '카메라 성능의 차이'에 대해 조금 더 확실히 전달해야 합니다.

> 고객 아이폰을 사고 싶은데, 최신 기종으로 살지, 한 달 전 기종으로 살지, 고민이에요.
> 점원 어떤 점에서 고민하세요?
> 고객 업무상 사진을 찍는 일이 많기 때문에 깔끔하게 촬영할 수 있는 기종이 좋겠거든요…….
> 점원 일상적으로 사용하기에는 거의 차이가 없지만, 더 깔끔하게 찍고 싶으시다면 확실히 차이가 있어요. 최신 기종을 사용하면…….

위의 예시처럼 아이폰에만 국한된 이야기가 아닙니다. 일반적으로 많은 사람이 인생에 정답이 없는 것처럼 수많은 문제에도 정답이 없다고 생각합니다.

아닙니다! 우리가 살고 있는 세상의 수많은 문제에 대부분 정답이 존재합니다. 대화할 때 상대방의 마음을 살피지 않고 애매하게 말을 하면 상대방은 당신에게 불신감을 품게 됩니다. 먼저, 상대방이 무엇을 원하는지 살펴본다면, 그 안에 답이 있습니다. 최대한 정답을 찾아 이야기하는 습관을 들여야 합니다.

31
목표를 앞두고 일부러 대화를 중단한다

 미리 대화의 목표를 정해두고 그 목표를 향해 대화를 이끌어나가는 것이 기본이지만, 때로는 목표를 앞두고 멈춰야 할 경우도 있습니다. 상대방이 스스로 생각하기를 원할 때입니다.

 예를 들어, 당신의 부하가 업무상 실수를 저질렀을 때 다음과 같이 이야기하는 게 좋습니다.

> 😀 **당신(상사)** 이번 실수는 왜 일어났다고 생각하나?
> 😟 **부하** 이 일에 너무 익숙해져 있어서 방심했던 것 같습니다.

🙂 **당신** 그래? 그렇다면 앞으로 어떻게 하면 좋겠어? 개선책을 생각하고 내일 다시 말해줘.

😀 **부하** 알겠습니다.

원래 이 대화의 목표는 '개선책을 세우는 것'입니다. 하지만 목표를 앞두고 일부러 대화를 중단했습니다. 왜냐하면 상대방이 개선책에 대해 곰곰이 생각하도록 만들고 싶기 때문입니다. 그래야 개선책의 질이 올라갈 수 있고, 개선책에 대한 이해도도 높아질 것입니다.

또 상대방의 뇌 처리 속도가 느린 경우에도 이처럼 생각할 기회를 주는 게 효과적입니다. 대화 중에 상대방이 목표를 받아들이기 힘든 상태라면 굳이 목표까지 서둘러 도달할 필요가 없습니다.

32
소크라테스의 방법론으로
상대방에게 깨우침을 준다

소크라테스의 방법론은 상대방이 '알고 있다'고 착각하는 것에 대해 질문을 반복함으로써 생각의 모순을 깨닫게 만드는 문답법입니다. 고대 그리스 철학자 소크라테스가 사용한 것으로 알려진 기법입니다.

실제 예시로 살펴보겠습니다.

🧑 **상대방** 시간만 있으면 무슨 일이든 할 수 있을 텐데.

👨 **당신** 무슨 일이든요?

🧑 **상대방** 그래. 아무리 어려운 일이라도 시간만 많으면 분명히 할 수 있어.

🙂 **당신** 그렇군요! 시간이 만능이라는 뜻이네요?

👩 **상대방** 그렇지.

🙂 **당신** 그럼 앞으로 하루 24시간을 모두 일하는 데만 쓰면 되지 않을까요?

👩 **상대방** ……그래도, 그건 좀 힘들지 않을까?

🙂 **당신** 시간만 많으면 무슨 일이든 할 수 있다고 말씀하셨잖아요.

👩 **상대방** ……그렇게 말하긴 했지만, 아무래도 팀을 짜서 공동 작업을 해야겠네.

이 예시를 보면 알 수 있듯이 소크라테스의 방법론으로 얻을 수 있는 깨달음은 대화 상대방이 직접 가르쳐주는 것이 아니라 스스로의 생각에서 도출된 것임을 알 수 있습니다. 상대방의 생각을 고치기 위해 상대방의 의견을 부정하는 것이 아니라, 질문을 반복함으로써 스스로 깨닫게 만드는 것입니다. 사실 이 수법은 '인지행동치료(CBT, Cognitive Behavioral Therapy)'의 기본이기도 합니다.

하지만 소크라테스의 방법론을 충실히 실천하려고 하면 질문을 많이 해야 하기 때문에 상대방에게 불쾌감을 주기 쉽습니다. 그래서 이렇게 대화할 때 가장 중요한 것은 상대방에게 공감하기, 상대방을 칭찬하기, 상대방의 말을 요약하기 등 상대방에게 귀를 기울이고 있는 모습을 보여주는 것이 순조롭게 대화를 이끌어 갈 수 있습니다.

위의 예시에서는 '그렇군요!'라는 감탄으로 공감을 표현했습니다.

column
상대방을 몰아붙이지 않고 깨달음을 불러일으키려면?

누구나 자신의 결점이나 약점을 지적받기 싫어합니다. 그것은 정신과 치료를 받을 때도 마찬가지입니다. 하물며 자신도 미처 깨닫지 못한 부끄러운 부분을 지적받는다면 더욱 우울해지거나 경우에 따라서는 화를 내는 사람도 있을 것입니다. 스스로 깨닫지 못한 무의식에 숨어 있던 진실과 직면하는 것은 이처럼 매우 힘든 일입니다.

정신과 임상에서는 자식을 체벌하는 것이 집안 교육상 올바른 일이라고 믿는 부모에게 "사실 그것은 아동 학대입니다."라고 지적하는 경우가 있습니다. 남편의 폭력을 참고 살면서도 가정을 지키겠다는 이유로 이혼을 거부하는 여성에게 "사실 당장에라도 이혼하고 싶지요?"라고 지적하는 경우도 있습니다.

이렇게 무의식의 진실을 직면하게 만드는 것은 환자의 내부에 깊숙이 파고들어 환자를 몰아붙이는 행위이기도 합니다. 그렇게 지적당한 환자는 부끄러움이나 불안감으로 머릿속이 꽉 차게 됩니다. 치료를 위해 불가피한 면도 있지만,

매우 조심스럽게 실행해야 하는 행위입니다.

상대방을 몰아붙이지 않고 상대방에게 깨달음을 불러일으키는 수단으로서 '명확화'라는 방법이 있습니다. 이것은 상대방의 설명 중에서 불명확한 부분을 질문하고 밝혀나가는 방법입니다.

예를 들어, "밤에 잠을 잘 못 자요."라고 호소하는 환자에게는 "평소에 몇 시에 자고, 몇 시에 일어납니까?"라고 명확한 시간을 물어봅니다.

"야근이 많아서 힘들어요."라고 호소하는 환자에게는 "한 달에 며칠이나 야근을 합니까?"라고 명확한 날수를 물어봅니다.

"주변 사람들에게 미움받고 있어요."라고 호소하는 환자에게는 "구체적으로 몇 명한테서 미움받고 있습니까?"라고 명확한 인원수를 물어봅니다.

"저는 형편없는 사람이에요."라고 호소하는 환자에게는 "얼마나 형편없다고 생각하는지 수치로 말하자면 얼마인가요?"라고 명확한 수치를 물어봅니다.

이렇게 '명확화'를 하면 환자는 자신의 문제가 생각보다 극단적인 수치를 보이지 않는다는 사실을 깨닫게 됩니다.

자신의 증상이 극단적이지 않고 '적당한 수준'임을 알게 된다면 한결 마음이 편해집니다.

이처럼 '명확화'는 '0'과 '100'만 의식하는 극단적인 흑백사고를 교정하는 방법입니다. 자신의 문제를 명확히 밝힌다면 불안감을 줄이는 데 도움이 됩니다.

＼ㅣ／
말을 많이 한다는 것과
잘한다는 것은 별개이다.

― 소포클레스

맺음말

모든 관계는
말에서 시작된다!

끝까지 읽어주셔서 진심으로 감사드립니다.

모든 관계는 말에서 시작됩니다. 이 책을 통해 당신이 가정에서, 친구들과, 조직 생활에서 원하는 것을 말할 수 있기를 바랍니다. 제대로 소통할 수 있도록 정신과 의사의 대화 기술을 고민하며 집필하였습니다.

혹시 이 책을 읽고 '정신의학을 더 알고 싶다.'라고 생각하시는 분들은 제 유튜브 채널에 방문해주십시오. 정신의학에 관한 정보를 다양한 관점에서 전달하고 있습니다.

또한 '와세다 멘털 클리닉'에서는 제가 원장으로서 날마다 환자들을 돌보고 있습니다. 상담이 필요하시면 언제든지 내원해주시기 바랍니다.

'정신의학을 배우고 싶다'거나, '마음이 맞는 동료를 찾고 싶다'거나, '자신을 새로이 바라보고 싶다'거나 '상처받은 사람에게 도움이 되고 싶다'고 생각한다면 온라인 자조 모임에 참여해주십시오. 물론 저도 그 모임에 있습니다.

홍보만 하는 글이 되어버렸는데, 결코 돈 때문이 아닙니다. 이 책을 읽고 있는 당신과 앞으로도 더 소통하고 싶기 때문입니다.

마지막으로 이 책을 쓰는 데 도움을 주신 많은 분들께 감사를 표하고 싶습니다.

마스다 유스케

옮긴이의 글

정신과 의사의 대화법은 인생을 살아가는 데 필요한 무기

정신과 의사는 환자를 치료하기 위해 특별한 대화 기법을 수련한다고 합니다. 환자의 말에 귀를 기울이고 환자의 감정에 공감하면서 환자를 바람직한 행동으로 세심하게 이끌어가는 것이 정신과 의사의 기본적인 역할이라고 할 수 있습니다.

그 역할을 다하기 위해 정신과 의사는 마음이 맞지 않는 사람과도 소통해야 하고, 이해력이 부족한 사람도 알아들을 수 있도록 쉽게 이야기해야 하며, 고집이 센 사람과도 원활하게 대화해야 합니다.

이 책은 정신과 의사의 그러한 대화 기법을 직장생활의 여러 구체적인 상황에 적용해서 업무를 순조롭게 시행하는 데 도움을 주려는 흥미로운 시도입니다. 정신과 의사의 대화 기법은 직장인에게도 강력한 무기라고 할 만합니다.

이 책에는 비즈니스에서 맞닥뜨릴 수 있는 다채로운 상황을 바람직한 대화의 예와 바람직하지 못한 대화의 예로 나누어 소개하기 때문에, 실제로 이야기하는 장면을 머릿속에 떠올리며 의사소통 기술을 시뮬레이션해볼 수 있습니다. 정신과 의사로서 환자를 세심히 배려하며 대화하는 저자의 평소 태도가 이 책의 세심한 구성에도 각별한 영향을 끼치지 않았을까 싶습니다.

이 책의 저자는 정신의학에 관해 일반인에게 쉽게 설명해주는 유튜브 채널을 운영하고 있는데, 구독자 수가 벌써 55만 명을 넘었습니다. 구독자와 소통하는 저자의 기법이 그만큼 훌륭하다는 뜻이겠지요.

아무쪼록 독자 여러분들이 이 책을 읽고 직장생활뿐 아니라, 가정생활과 교우관계 등 주변의 다양한 상호작용 속에서 즐겁고 생산적인 대화를 나눌 수 있기 바랍니다.

말하는 대로 술술 풀리는 대화의 심리
정신과 의사가 알려주는
말하기 수업

초판 1쇄 발행 2025년 11월 11일

지은이 마스다 유스케
옮긴이 이용택
발행처 이너북
발행인 이선이

편 집 심미정
디자인 이유진
마케팅 김 집, 송희준

등 록 2004년 4월 26일 제2004-000100호
주 소 서울특별시 마포구 백범로 13 신촌르메이에르타운Ⅱ 305-2호(노고산동)
전 화 02-323-9477 | **팩스** 02-323-2074
E-mail innerbook@naver.com
블로그 blog.naver.com/innerbook
페이스북 @innerbook
인스타그램 @innerbook_

ⓒ 마스다 유스케, 2025
ISBN 979-11-94697-25-1 (03190)

· 이 책은 저작권법에 따라 보호를 받는 저작물이므로 무단 전재와 무단 복제를 금지하며, 이 책 내용의 전부 또는 일부를 사용하려면 반드시 저작권자와 이너북의 서면 동의를 받아야 합니다.
· 책값은 뒤표지에 있습니다.
· 잘못되거나 파손된 책은 구입처에서 교환해 드립니다.

> 이너북은 독자 여러분의 소중한 원고 투고를 기다리고 있습니다.
> 원고가 있으신 분은 innerbook@naver.com으로 보내주세요.